January 18, 1999

What do I consider my most important Contributions?

- That I early on — almost sixty years ago — realized that MANAGEMENT has become the constitutive organ and function of the <u>Society of Organizations</u>;

- That MANAGEMENT is not "Business Management- though it first attained attention in business- but the governing organ of ALL institutions of Modern Society;

- That I established the study of MANAGEMENT as a DISCIPLINE in its own right; and

- That I focused this discipline on People and Power; on Values; Structure and Constitution; AND ABOVE ALL ON RESPONSIBILITIES- that is focused the <u>Discipline of Management</u> on Management as a truly LIBERAL ART.

Peter F. Drucker

我认为我最重要的贡献是什么？

- 早在60年前，我就认识到管理已经成为组织社会的基本器官和功能；
- 管理不仅是"企业管理"，而且是所有现代社会机构的管理器官，尽管管理最初侧重于企业管理；
- 我创建了管理这门独立的学科；
- 我围绕着人与权力、价值观、结构和方式来研究这一学科，尤其是围绕着责任。管理学科是把管理当作一门真正的人文艺术。

彼得·德鲁克
1999年1月18日

注：资料原件打印在德鲁克先生的私人信笺上，并有德鲁克先生亲笔签名，现藏于美国德鲁克档案馆。为纪念德鲁克先生，本书特收录这一珍贵资料。本资料由德鲁克管理学专家那国毅教授提供。

彼得·德鲁克和妻子多丽丝·德鲁克

德鲁克妻子多丽丝寄语中国读者

在此谨向广大的中国读者致以我诚挚的问候。本书深入介绍了德鲁克在管理领域方面的多种理念和见解。我相信他的管理思想得以在中国广泛应用，将有赖出版及持续的教育工作，令更多人受惠于他的馈赠。

盼望本书可以激发各位对构建一个令人憧憬的美好社会的希望，并推动大家在这一过程中积极发挥领导作用，他的在天之灵定会备感欣慰。

Doris Drucker

本页照片和多丽丝寄语原文与亲笔签名由彼得·德鲁克管理学院提供

德鲁克论管理

［美］彼得·德鲁克 著
何缨 康至军 译

Peter Drucker on
the Profession of
Management

彼得·德鲁克全集

图书在版编目（CIP）数据

德鲁克论管理 /（美）彼得·德鲁克（Peter F. Drucker）著；何缤，康至军译. —北京：机械工业出版社，2018.5（2024.4 重印）

（彼得·德鲁克全集）

书名原文：Peter Drucker on the Profession of Management

ISBN 978-7-111-59777-3

I. 德… II. ①彼… ②何… ③康… III. 德鲁克（Drucker, Peter Ferdinand 1909—2005）－经济管理 IV. F2

中国版本图书馆 CIP 数据核字（2018）第 085358 号

北京市版权局著作权合同登记　图字：01-2017-0734 号。

Peter F. Drucker. Peter Drucker on the Profession of Management.

Copyright © 1998 by Harvard Business School Press.

Published by arrangement with Harvard Business School Press.

Simplified Chinese Translation Copyright © 2019 by China Machine Press. This edition is authorized for sale in the Chinese mainland (excluding Hong Kong SAR, Macao SAR and Taiwan).

No part of this book may be reproduced or transmitted in any form or by any means, electronic or mechanical, including photocopying, recording or any information storage and retrieval system, without permission, in writing, from the publisher.

All rights reserved.

本书中文简体字版由 Harvard Business School Press 授权机械工业出版社在中国大陆地区（不包括香港、澳门特别行政区及台湾地区）独家出版发行。未经出版者书面许可，不得以任何方式抄袭、复制或节录本书中的任何部分。

本书两面插页所用资料由彼得·德鲁克管理学院和那国毅教授提供。封面中签名摘自德鲁克先生为彼得·德鲁克管理学院的题词。

德鲁克论管理

出版发行：机械工业出版社（北京市西城区百万庄大街 22 号　邮政编码：100037）			
责任编辑：程　琨		责任校对：李秋荣	
印　　刷：固安县铭成印刷有限公司		版　　次：2024 年 4 月第 1 版第 7 次印刷	
开　　本：170mm×230mm　1/16		印　　张：17	
书　　号：ISBN 978-7-111-59777-3		定　　价：79.00 元	

客服电话：（010）88361066　68326294

版权所有·侵权必究
封底无防伪标均为盗版

如果您喜欢彼得·德鲁克（Peter F. Drucker）或者他的书籍，那么请您尊重德鲁克。不要购买盗版图书，以及以德鲁克名义编纂的伪书。

| 目 录 |

推荐序一（邵明路）
推荐序二（赵曙明）
推荐序三（珍妮·达罗克）
引言
序言

第一部分 | 经理人的责任

第1章 事业理论：经营假说 / 3

过去赖以成功的经营假说如今已经失效 / 4
事业理论的三个部分和四项特征 / 12
事先建立预警措施应对变化 / 16
特别留意初期警讯 / 18
重新构建事业理论 / 20

第2章 有效的决策 / 23

决策过程中六个环环相扣的步骤 / 24
对问题进行分类 / 25
准确定义问题 / 29
将解决方案具体化 / 31

做出"正确"而非"可接受"的决策 / 33
将具体行动纳入决策中 / 35
反馈：不断检视决策的正确性和有效性 / 39
结论 / 41

第 3 章　如何做人事决策 / 42
人事决策的基本原则 / 43
人事决策的重要步骤 / 45
高风险的决策 / 49

第 4 章　小构想，大作用 / 53
构想的创业本质 / 54
商业银行 / 55
化工行业 / 57
现代批发业 / 57
大规模分销 / 58
折扣连锁店 / 59
IBM / 60
西尔斯 / 60
巴塔 / 61
化创意为创业构想 / 62
结论 / 65

第 5 章　创新的原则 / 66
创新机会的七大来源 / 67
掌握创新的简单原则 / 78

第 6 章　企业经营绩效的管理 / 81
摒弃陈词滥调 / 82

收入 vs. 成本 / 85
集中优势力量 / 88
提升经营绩效的三大步骤 / 90
分析事实 / 92
下一步该做什么 / 95
决定优先次序的决策 / 96
结论 / 98

第二部分 | 执行者的世界

第 7 章 管理者真正需要的信息 / 103
从成本会计到产出控制 / 105
从法律幻觉到经济现实 / 108
取得创造财富的信息 / 112
从组织外部取得变革信息 / 119
结论 / 122

第 8 章 新型组织的到来 / 123
以信息为基础的组织的诞生 / 124
以信息为基础的组织的管理议题 / 129
经理人的管理挑战 / 131
结论 / 136

第 9 章 组织化的新社会 / 138
不学习，就淘汰 / 140
建立有效管理变革的机制 / 142
组织文化应超越所在社区 / 145
组织与社会责任 / 146

组织是经由特定目的而成形的 / 148
组织与成员的新关系 / 150
工作团队是未来的组织形态 / 153
结论 / 156

第 10 章　企业可以向非营利组织学习什么 / 160
使命的强大影响力 / 162
有效运用董事会的功能 / 166
需求、训练与责任 / 169
结论 / 173

第 11 章　新生产力的挑战 / 175
如何让知识工作者更聪明地工作 / 178
工作贫瘠化破坏了生产力 / 182
服务性工作如何界定绩效 / 184
问问基层工作人员吧 / 187
结论 / 189

第 12 章　管理与这个世界的课题 / 192
知识成为创造财富的主要来源 / 193
做得更聪明，而非做得更卖力 / 195
来自管理本身的新课题 / 197
教育是最大的管理课题 / 199
改变劳资对立的养老金社会主义 / 202
许多基本问题仍然有待克服 / 205
结论 / 208

第 13 章　后资本主义时代的经理人：德鲁克专访 / 212

注释 / 229

| 推荐序一 |

功能正常的社会和博雅管理

为"彼得·德鲁克全集"作序

享誉世界的"现代管理学之父"彼得·德鲁克先生自认为,虽然他因为创建了现代管理学而广为人知,但他其实是一名社会生态学者,他真正关心的是个人在社会环境中的生存状况,管理则是新出现的用来改善社会和人生的工具。他一生写了39本书,只有15本书是讲管理的,其他都是有关社群(社区)、社会和政体的,而其中写工商企业管理的只有两本书(《为成果而管理》和《创新与企业家精神》)。

德鲁克深知人性是不完美的,因此人所创造的一切事物,包括人设计的社会也不可能完美。他对社会的期待和理想并不高,那只是一个较少痛苦,还可以容忍的社会。不过,它还是要有基本的功能,为生活在其中的人提供可以正常生活和工作的条件。这些功能或条件,就好像一个生命体必须具备正常的生命特征,没有它们社会也就不成其为社会了。值得留意的是,社会并不等同于"国家",因为"国(政府)"和"家(家庭)"不可能提供一个社会全部必要的职能。在德鲁克眼里，功能正常的社会至少要由三大类机构组成：政府、企业和非营利机构，它们各自发挥不同性质的作用，每一类、每一个机构中都要有能解决问题、令机构创造出独特绩效的权力中心和决策机制，这个权力中心和决策机制同时也要让机构里的每个人各得其所，既有所担当、做出贡献，又得到生计和身份、地位。这些在过去的国家中从来没有过的权力中心和决策机制，或者说新的"政体"，就是"管理"。在这里德鲁克把企业和非营利机构中的管理体制与政府的统治体制统称为"政体"，是因为它们都掌握权力，但是，这是两种性质截然不同的权力。企业和非营利机构掌握的，是为了提供特定的产品和服务，而调配社会资源的权力，政府所拥有的，则是整个社会公平的维护、正义的裁夺和干预的权力。

在美国克莱蒙特大学附近，有一座小小的德鲁克纪念馆，走进这座用他的故居改成的纪念馆，正对客厅入口的显眼处有一段他的名言：

> 在一个由多元的组织所构成的社会中，使我们的各种组织机构负责任地、独立自治地、高绩效地运作，是自由和尊严的唯一保障。有绩效的、负责任的管理是对抗和替代极权专制的唯一选择。

当年纪念馆落成时，德鲁克研究所的同事们问自己，如果要从德鲁克的著作中找出一段精练的话，概括这位大师的毕生工作对我们这个世界的意义，会是什么？他们最终选用了这段话。

如果你了解德鲁克的生平，了解他的基本信念和价值观形成的过程，你一定会同意他们的选择。从他的第一本书《经济人的末日》到他独自完成的最后一本书《功能社会》之间，贯穿着一条抵制极权专制、捍卫个人自由和尊严的直线。这里极权的极是极端的极，不是集中的集，两个词一字之差，其含义却有着重大区别，因为人类历史上由来已久的中央集权统治直到20世纪才有条件变种成极权主义。极权主义所谋求的，是从肉体到精神，全面、彻底地操纵和控制人类的每一个成员，把他们改造成实现个别极权主义者梦想的人形机器。20世纪给人类带来最大灾难和伤害的战争和运动，都是极权主义的"杰作"，德鲁克青年时代经历的希特勒纳粹主义正是其中之一。要了解德鲁克的经历怎样影响了他的信念和价值观，最好去读他的《旁观者》；要弄清什么是极权主义和为什么大众会拥护它，可以去读汉娜·阿伦特1951年出版的《极权主义的起源》。

好在历史的演变并不总是令人沮丧。工业革命以来，特别是从1800年开始，最近这200年生产力呈加速度提高，不但造就了物质的极大丰富，还带来了社会结构的深刻改变，这就是德鲁克早在80年前就敏锐地洞察和指出的，多元的、组织型的新社会的形成：新兴的企业和非营利机构填补了由来已久的"国（政府）"和"家（家庭）"之间的断层和空白，为现代国家提供了真正意义上的种种社会功能。在这个基础上，教育的普及和知识工作者的崛起，正在造就知识经济和知识社会，而信息科技成为这一切变化的加速器。要特别说明，"知识工作者"是德鲁克创造的一个称谓，泛指具备和应用专门知识从事生产工作，为社会创造出有用的产品和服务的人群，这包括企业家和在任何机构中的管理者、专业人士和技工，也包括社会上的独立执业人士，如会计师、律师、咨询师、培训师等。在21世纪的今天，由于知识的应用领域一再被扩大，个人和个别机构不再是孤独无助的，他们因为掌握了某项知识，就拥有了选择的自由和影响他人的权力。知识工作者和由他们组成的知识型组织不再是传统的知识分子或组织，知识工作者最大的特点就是他们的独立自主，可以主动地整合资源、创造价值，促成经济、社会、文化甚至政治层面的改变，而传统的知识分子只能依附于当时的统治当局，在统治当局提供的平台上才能有所作为。这是一个划时代的、意义深远的变化，而且这个变化不仅发生在西方发达国家，也发生在发展中国家。

在一个由多元组织构成的社会中，拿政府、企业和非营利机构这三类组织相互比较，企业和非营利机构因为受到市场、公众和政府的制约，它们的管理者不可能像政府那样走上极权主义统治，这是它们在德鲁克看来，比政府更重要、更值得寄予希望的原因。尽管如此，它们仍然可能因为管理缺位或者管理失当，例如官僚专制，不能达到德鲁克期望的"负责任地、高绩效地运作"，从而为极权专制垄断社会资源让出空间、提供机会。在所有机构中，包括在互联网时代虚拟的工作社群中，知识工作者的崛起既为新的管理提供了基础和条件，也带来对传统的"胡萝卜加大棒"管理方式的挑战。德鲁克正是因应这样的现实，研究、创立和不断完善现代管理学的。

1999年1月18日，德鲁克接近90岁高龄，在回答"我最重要的贡献是什么"这个问题时，他写了下面这段话：

> 我着眼于人和权力、价值观、结构和规范去研究管理学，而在所有这些之上，我聚焦于"责任"，那意味着我是把管理学当作一门真正的"博雅技艺"来看待的。

给管理学冠上"博雅技艺"的标识是德鲁克的首创，反映出他对管理的独特视角，这一点显然很重要，但是在他众多的著作中却没找到多少这方面的进一步解释。最完整的阐述是在他的《管理新现实》这本书第 15 章第五小节，这节的标题就是"管理是一种博雅技艺"：

> 30 年前，英国科学家兼小说家斯诺（C. P. Snow）曾经提到当代社会的"两种文化"。可是，管理既不符合斯诺所说的"人文文化"，也不符合他所说的"科学文化"。管理所关心的是行动和应用，而成果正是对管理的考验，从这一点来看，管理算是一种科技。可是，管理也关心人、人的价值、人的成长与发展，就这一点而言，管理又算是人文学科。另外，管理对社会结构和社群（社区）的关注与影响，也使管理算得上是人文学科。事实上，每一个曾经长年与各种组织里的管理者相处的人（就像本书作者）都知道，管理深深触及一些精神层面关切的问题——像人性的善与恶。
>
> 管理因而成为传统上所说的"博雅技艺"（liberal art）——是"博雅"（liberal），因为它关切的是知识的根本、自我认知、智慧和领导力，也是"技艺"（art），因为管理就是实行和应用。管理者从各种人文科学和社会科学中——心理学和哲学、经济学和历史、伦理学，以及从自然科学中，汲取知识与见解，可是，他们必须把这种知识集中在效能和成果上——治疗病人、教育学生、建造桥梁，以及设计和销售容易使用的软件程序等。

作为一个有多年实际管理经验，又几乎通读过德鲁克全部著作的人，我曾经反复琢磨过为什么德鲁克要说管理学其实是一门"博雅技艺"。我终于意识到这并不仅仅是一个标新立异的溢美之举，而是在为管理定性，它揭示了管理的本质，提出了所有管理者努力的正确方向。这至少包括了以下几重含义：

第一，管理最根本的问题，或者说管理的要害，就是管理者和每个知识工作者怎么看待与处理人和权力的关系。德鲁克是一位基督徒，他的宗教信仰和他的生活经验相互印证，对他的研究和写作产生了深刻的影响。在他看来，人是不应该有权力（power）的，只有造人的上帝或者说造物主才拥有权力，造物主永远高于人类。归根结底，人性是软弱的，经不起权力的引诱和考验。因此，人可以拥有的只是授权（authority），也就是人只是在某一阶段、某一事情上，因为所拥有的品德、知识和能力而被授权。不但任何个人是这样，整个人类也是这样。民主国家中"主权在民"，但是人民的权力也是一种授权，是造物主授予的，人在这种授权之下只是一个既有自由意志，又要承担责任的"工具"，他是造物主的工具而不能成为主宰，不能按自己的意图去操纵和控制自己的同类。认识到这一点，人才会谦卑而且有责任感，他们才会以造物主才能够掌握、人类只能被其感召和启示的公平正义，去时时检讨自己，也才会甘愿把自己置于外力强制的规范和约束之下。

第二，尽管人性是不完美的，但是人彼此平等，都有自己的价值，都有自己的创造能力，都有自己的功能，都应该被尊敬，而且应该被鼓励去创造。美国的独立宣言和宪法中所说的，人生而平等，每个人都有与生俱来、不证自明的权利（rights），正是从这一信念而来的，这也是德鲁克的管理学之所以可以有所作为的根本依据。管理者是否相信每个人都有善意和潜力？是否真的对所有人都平等看待？这些基本的或者说核心的价值观和信念，最终决定他们是否能和德鲁克的学说发生感应，是否真的能理解和实行它。

第三，在知识社会和知识型组织里，每一个工作者在某种程度上，都既是知识工作者，也是管理者，因为他可以凭借自己的专门知识对他人和组织产生权威性的影响——知识就是权力。但是权力必须和责任捆绑在一起。而一个管理者是否负起了责任，要以绩效和成果做检验。凭绩效和成果问责的权力是正当和合法的权力，也就是授权（authority），否则就成为德鲁克坚决反对的强权（might）。绩效和成果之所以重要，不但在经济和物质层面，而且在心理层面，都会对人们产生影响。管理者和领导者如果持续不能解决现实问题，大众在彻底失望之余，会转而选择去依赖和服从强权，同时甘愿交出自己的自由和尊严。这就是为什么德鲁克一再警告，如果管理失败，极权主义就会取而代之。

第四，除了让组织取得绩效和成果，管理者还有没有其他的责任？或者换一种说法，绩效和成果仅限于可量化的经济成果和财富吗？对一个工商企业来说，除了为客户提供价廉物美的产品和服务、为股东赚取合理的利润，能否同时成为一个良好的、负责任的"社会公民"，能否同时帮助自己的员工在品格和能力两方面都得到提升呢？这似乎是一个太过苛刻的要求，但它是一个合理的要求。我个人在十多年前，和一家这样要求自己的后勤服务业的跨国公司合作，通过实践认识到这是可能的。这意味着我们必须学会把伦理道德的诉求和经济目标，设计进同一个工作流程、同一套衡量系统，直至每一种方法、工具和模式中去。值得欣慰的是，今天有越来越多的机构开始严肃地对待这个问题，在各自的领域做出肯定的回答。

第五，"作为一门博雅技艺的管理"或称"博雅管理"，这个讨人喜爱的中文翻译有一点儿问题，从翻译的"信、达、雅"这三项专业要求来看，雅则雅矣，信有不足。liberal art 直译过来应该是"自由的技艺"，但最早的繁体字中文版译成了"博雅艺术"，这可能是想要借助它在中国语文中的褒义，我个人还是觉得"自由的技艺"更贴近英文原意。liberal 本身就是自由。art 可以译成艺术，但管理是要应用的，是要产生绩效和成果的，所以它首先应该是一门"技能"。另一方面，管理的对象是人们的工作，和人打交道一定会面对人性的善恶，人的千变万化的意念——感性的和理性的，从这个角度看，管理又是一门涉及主观判断的"艺术"。所以 art 其实更适合解读为"技艺"。liberal——自由，art——技艺，把两者合起来就是"自由技艺"。

最后我想说的是，我之所以对 liberal art 的翻译这么咬文嚼字，是因为管理学并不像人们普遍认为的那样，是一个人或者一个机构的成功学。它不是旨在让一家企业赚钱，在生产效率方面达到最优，也不是旨在让一家非营利机构赢得道德上的美誉。它旨在让我们每个人都生存在其中的人类社会和人类社群（社区）更健康，使人们较少受到伤害和痛苦。让每个工作者，按照他与生俱来的善意和潜能，自由地选择他自己愿意在这个社会或社区中所承担的责任；自由地发挥才智去创造出对别人有用的价值，从而履行这样的责任；并且在这样一个创造性工作的过程中，成长为更好和更有能力的人。这就是德鲁克先生定义和期待的，管理作为一门"自由技艺"，或者叫"博雅管理"，它的真正的含义。

邵明路

彼得·德鲁克管理学院创办人

| 推荐序二 |

跨越时空的管理思想

20多年来,机械工业出版社关于德鲁克先生著作的出版计划在国内学术界和实践界引起了极大的反响,每本书一经出版便会占据畅销书排行榜,广受读者喜爱。我非常荣幸,一开始就全程参与了这套丛书的翻译、出版和推广活动。尽管这套丛书已经面世多年,然而每次去新华书店或是路过机场的书店,总能看见这套书静静地立于书架之上,长盛不衰。在当今这样一个强调产品迭代、崇尚标新立异、出版物良莠难分的时代,试问还有哪本书能做到这样呢?

如今,管理学研究者们试图总结和探讨中国经济与中国企业成功的奥秘,结论众说纷纭、莫衷一是。我想,企业成功的原因肯定是多种多样的。中国人讲求天时、地利、人和,缺一不可,其中一定少不了德鲁克先生著作的启发、点拨和教化。从中国老一代企业家(如张瑞敏、任正非),及新一代的优秀职业经理人(如方洪波)的演讲中,我们常常可以听到来自先生的真知灼见。在当代管理学术研究中,我们也可以常常看出先生的思想指引和学术影响。我常常对学生说，当你不能找到好的研究灵感时，可以去翻翻先生的著作；当你对企业实践困惑不解时，也可以把先生的著作放在床头。简言之，要想了解现代管理理论和实践，首先要从研读德鲁克先生的著作开始。基于这个原因，1991年我从美国学成回国后，在南京大学商学院图书馆的一角专门开辟了德鲁克著作之窗，并一手创办了德鲁克论坛。至今，我已在南京大学商学院举办了100多期德鲁克论坛。在这一点上，我们也要感谢机械工业出版社为德鲁克先生著作的翻译、出版和推广付出的辛勤努力。

在与企业家的日常交流中，当发现他们存在各种困惑的时候，我常常推荐企业家阅读德鲁克先生的著作。这是因为，秉持奥地利学派的一贯传统，德鲁克先生总是将企业家和创新作为著作的中心思想之一。他坚持认为："优秀的企业家和企业家精神是一个国家最为重要的资源。"在企业发展过程中，企业家总是面临着效率和创新、制度和个性化、利润和社会责任、授权和控制、自我和他人等不同的矛盾与冲突。企业家总是在各种矛盾与冲突中成长和发展。现代工商管理教育不但需要传授建立现代管理制度的基本原理和准则，同时也要培养一大批具有优秀管理技能的职业经理人。一个有效的组织既离不开良好的制度保证，同时也离不开有效的管理者，两者缺一不可。这是因为，一方面，企业家需要通过对管理原则、责任和实践进行研究，探索如何建立一个有效的管理机制和制度，而衡量一个管理制度是否有效的标准就在于该制度能否将管理者个人特征的影响降到最低限度；另一方面，一个再高明的制度，如果没有具有职业道德的员工和管理者的遵守，制度也会很容易土崩瓦解。换言之，一个再高效的组织，如果缺乏有效的管理者和员工，组织的效率也不可能得到实现。虽然德鲁克先生的大部分著作是有关企业管理的，但是我们可以看到自由、成长、创新、多样化、多元化的思想在其著作中是一以贯之的。正如德鲁克在《旁观者》一书的序言中所阐述的，"未来是'有机体'的时代，由任务、目的、策略、社会的和外在的环境所主导"。很多人喜欢德鲁克提出的概念，但是德鲁克却说，"人比任何概念都有趣多了"。德鲁克本人虽然只是管理的旁观者，但是他对企业家工作的理解、对管理本质的洞察、对人性复杂性的观察，鞭辟入里、入木三分，这也许就是企业家喜爱他的著作的原因吧！

德鲁克先生从研究营利组织开始，如《公司的概念》（1946年），到研究非营利组织，如《非营利组织的管理》（1990年），再到后来研究社会组织，如《功能社会》（2002年）。虽然德鲁克先生的大部分著作出版于20世纪六七十年代，然而其影响力却是历久弥新的。在他的著作中，读者很容易找到许多最新的管理思想的源头，同时也不难获悉许多在其他管理著作中无法找到的"真知灼见"，从组织的使命、组织的目标以及工商企业与服务机构的异同，到组织绩效、富有效率的员工、员工成就、员工福利和知识工作者，再到组织的社会影响与社会责任、企业与政府的关系、管理者的工作、管理工作的设计与内涵、管理人员的开发、目标管理与自我控制、中层管理者和知识型组织、有效决策、管理沟通、管理控制、面向未来的管理、组织的架构与设计、企业的合理规模、多角化经营、多国公司、企业成长和创新型组织等。

30多年前在美国读书期间，我就开始阅读先生的著作，学习先生的思想，并聆听先生的课堂教学。回国以后，我一直把他的著作放在案头。尔后，每隔一段时间，每每碰到新问题，就重新温故。令人惊奇的是，随着阅历的增长、知识的丰富，每次重温的时候，竟然会生出许多不同以往的想法和体会。仿佛这是一座挖不尽的宝藏，让人久久回味，有幸得以伴随终生。一本著作一旦诞生，就独立于作者、独立于时代而专属于每个读者，不同地理区域、不同文化背景、不同时代的人都能够从中得到启发、得到教育。这样的书是永恒的、跨越时空的。我想，德鲁克先生的著作就是如此。

特此作序，与大家共勉！

南京大学人文社会科学资深教授、商学院名誉院长
博士生导师
2018年10月于南京大学商学院安中大楼

| 推荐序三 |

彼得·德鲁克与伊藤雅俊管理学院是因循彼得·德鲁克和伊藤雅俊命名的。德鲁克生前担任玛丽·兰金·克拉克社会科学与管理学教席教授长达三十余载，而伊藤雅俊则受到日本商业人士和企业家的高度评价。

彼得·德鲁克被称为"现代管理学之父"，他的作品涵盖了39本著作和无数篇文章。在德鲁克学院，我们将他的著述加以浓缩，称之为"德鲁克学说"，以撷取德鲁克著述在五个关键方面的精华。

我们用以下框架来呈现德鲁克著述的现实意义，并呈现他的管理理论对当今社会的深远影响。

这五个关键方面如下。

（1）**对功能社会重要性的信念**。一个功能社会需要各种可持续性的组织贯穿于所有部门，这些组织皆由品行端正和有责任感的经理人来运营，他们很在意自己为社会带来的影响以及所做的贡献。德鲁克有两本书堪称他在功能社会研究领域的奠基之作。第一本书是《经济人的末日》（1939年），"审视了法西斯主义的精神和社会根源"。然后，在接下来出版的《工业人的未来》（1942年）一书中，德鲁克阐述了自己对第二次世界大战后社会的展望。后来，因为对健康组织对功能社会的重要作用兴趣盎然，他的主要关注点转到了商业。

（2）**对人的关注**。德鲁克笃信管理是一门博雅艺术，即建立一种情境，使博雅艺术在其中得以践行。这种哲学的宗旨是：管理是一项人的活动。德鲁克笃信人的潜质和能力，而且认为卓有成效的管理者是通过人来做成事情的，因为工作会给人带来社会地位和归属感。德鲁克提醒经理人，他们的职责可不只是给大家发一份薪水那么简单。

对于如何看待客户，德鲁克也采取"以人为本"的思想。他有一句话人人知晓，即客户决定了你的生意是什么、这门生意出品什么以及这门生意日后能否繁荣，因为客户只会为他们认为有价值的东西买单。理解客户的现实以及客户崇尚的价值是"市场营销的全部所在"。

（3）**对绩效的关注**。经理人有责任使一个组织健康运营并且持续下去。考量经理人的凭据是成果，因此他们要为那些成果负责。德鲁克同样认为，成果负责制要渗透到组织的每一个层面，务求淋漓尽致。

制衡的问题在德鲁克有关绩效的论述中也有所反映。他深谙若想提高人的生产力，就必须让工作给他们带来社会地位和意义。同样，德鲁克还论述了在延续性和变化二者间保持平衡的必要性，他强调面向未来并且看到"一个已经发生的未来"是经理人无法回避的职责。经理人必须能够探寻复杂、模糊的问题，预测并迎接变化乃至更新所带来的挑战，要能看到事情目前的样貌以及可能呈现的样貌。

（4）**对自我管理的关注**。一个有责任心的工作者应该能驱动他自己，能设立较高的绩效标准，并且能控制、衡量并指导自己的绩效。但是首先，卓有成效的管理者必须能自如地掌控他们自己的想法、情绪和行动。换言之，内在意愿在先，外在成效在后。

（5）**基于实践的、跨学科的、终身的学习观念**。德鲁克崇尚终身学习，因为他相信经理人必须要与变化保持同步。但德鲁克曾经也有一句名言："不要告诉我你跟我有过一次精彩的会面，告诉我你下周一打算有哪些不同。"这句话的意思正如我们理解的，我们必须关注"周一早上的不同"。

这些就是"德鲁克学说"的五个支柱。如果你放眼当今各个商业领域，就会发现这五个支柱恰好代表了五个关键方面，它们始终贯穿交织在许多公司使命宣言传达的讯息中。我们有谁没听说过高管宣称要回馈他们的社区，要欣然采纳以人为本的管理方法和跨界协同呢？

彼得·德鲁克的远见卓识在于他将管理视为一门博雅艺术。他的理论鼓励经理人去应用"博雅艺术的智慧和操守课程来解答日常在工作、学校和社会中遇到的问题"。也就是说，经理人的目光要穿越学科边界来解决这世上最棘手的一些问题，并且坚持不懈地问自己："你下周一打算有哪些不同？"

彼得·德鲁克的影响不限于管理实践，还有管理教育。在德鲁克学院，我们用"德鲁克学说"的五个支柱来指导课程大纲设计，也就是说，我们按照从如何进行自我管理到组织如何介入社会这个次序来给学生开设课程。

德鲁克学院一直十分重视自己的毕业生在管理实践中发挥的作用。其实，我们的使命宣言就是：

通过培养改变世界的全球领导者，来提升世界各地的管理实践。

有意思的是，世界各地的管理教育机构也很重视它们的学生在实践中的表现。事实上，这已经成为国际精英商学院协会（AACSB）认证的主要标志之一。国际精英商学院协会"始终致力于增进商界、学者、机构以及学生之间的交融，从而使商业教育能够与商业实践的需求步调一致"。

最后我想谈谈德鲁克和管理教育，我的观点来自2001年11月 *BizEd* 杂志第1期对彼得·德鲁克所做的一次访谈，这本杂志由商学院协会出版，受众是商学院。在访谈中，德鲁克被问道：在诸多事项中，有哪三门课最重要，是当今商学院应该教给明日之管理者的？

德鲁克答道：

第一课，他们必须学会对自己负责。太多的人仍在指望人事部门来照顾他们，他们不知道自己的优势，不知道自己的归属何在，他们对自己毫不负责。

第二课也是最重要的，要向上看，而不是向下看。焦点仍然放在对下属的管理上，但应开始关注如何成为一名管理者。管理你的上司比管理下属更重要。所以你要问："我应该为组织贡献什么？"

最后一课是必须修习基本的素养。是的，你想让会计做好会计的事，但你也想让她了解组织的其他功能何在。这就是我说的组织的基本素养。这类素养不是学一些相关课程就行了，而是与实践经验有关。

凭我一己之见，德鲁克在 2001 年给出的这则忠告，放在今日仍然适用。卓有成效的管理者需要修习自我管理，需要向上管理，也需要了解一个组织的功能如何与整个组织契合。

彼得·德鲁克对管理实践的影响深刻而巨大。他涉猎广泛，他的一些早期著述，如《管理的实践》（1954 年）、《卓有成效的管理者》（1966 年）以及《创新与企业家精神》（1985 年），都是我时不时会翻阅研读的书籍，每当我作为一个商界领导者被诸多问题困扰时，我都会从这些书中寻求答案。

珍妮·达罗克
彼得·德鲁克与伊藤雅俊管理学院院长
亨利·黄市场营销和创新教授
美国加州克莱蒙特市

| 引 言 |

开 拓 者

　　许多人对管理都耳熟能详，而且管理早就成为我们日常生活的一部分。然而开始把管理当作一个正式的研究领域，并视之为一项专门职业，不过是近几十年的事，⊖这个事实令很多人觉得不可思议。事实上，当德鲁克于1943年针对通用汽车公司的政策及组织架构进行研究时，用他的话来说，他发现："从我们今天称为'管理'的角度来看，这类书籍和论文实在少得可怜……"这些在当时的确存在而且数量极为有限的管理类著作，大多是介绍制造工厂特定的作业方式、教人如何推销产品或是教人如何精打细算地理财。当时，管理仍然是个定义不明的观念："事实上，大多数经理人甚至不清楚，自己其实从事的是管理工作。"

　　半个世纪后，情况已完全改观。书店及图书馆的书架上摆满了管理类著作，不仅在美国，全世界各国商学院及工商管理硕士的数目都急速增加，管理者的训练和教育以及管理咨询也演变为迅速成长的新兴行业。简言之，管理已经变成一门基础扎实的学科，而德

⊖ 此书英文版出版于1998年，此引言针对的应是当时的时间。——编者注

鲁克以通用汽车公司为研究对象所发表的《公司的概念》(Concept of the Corporation)⊖一书,则是为这一学科奠定基础的重要凭证。

德鲁克把当年掌握最佳时机出版《公司的概念》一书的功劳,大部分归于自己的运气:"我恰好是第一个研究这个领域的人。"然而对德鲁克乃至于对任何领域的开路先锋而言,想要成为某一专门领域的开创者,所需要的绝不仅仅是运气。1909年,德鲁克诞生于奥地利的维也纳。一群关心政治、社会、艺术及历史的长辈陪着他成长。尽管接受的是传统教育,也受过法律方面的训练,德鲁克却从成长过程中所遇见的人以及自己的工作经验中,找到了自己真正想要的。

德鲁克的第一份工作是担任法兰克福一家报社的记者兼编辑,后来成为伦敦的一位商业银行家,再后来又成为美国的大学教师。具备丰富人生经历的德鲁克,受到通用汽车公司当时的董事长唐纳森·布朗(Donaldson Brown)的青睐。由于曾拜读过《工业人的未来》(The Future of Industrial Man)⊜一书,布朗心想,德鲁克或许愿意花些时间到通用汽车公司来做研究,并从社会学者的角度为管理阶层提供建议。尽管德鲁克很清楚,选择大企业作为新的研究领域,可能会遭到传统学术界的责难,但他仍然愿意甚至可以说怀着无比的热情,去走这条前人从未尝试过的道路。他坚定地认为,大企业已经演变为工业化社会中最重要的组织,因此,他希望深入了解这类组织的运作方式。[1]

我们实在很难想象,上述抉择带给德鲁克本人以及全世界何等丰

⊖⊜ 此书中文版已由机械工业出版社出版。

硕的果实。在德鲁克一系列关于管理实践与管理在现代社会所扮演角色的畅销著作中，《公司的概念》是最畅销的一本。德鲁克在企业管理领域担任教授一职的几十年间，也一直享有极崇高的地位。德鲁克最初在纽约大学商学研究生院教书。1971年起，他开始在位于加州的克莱蒙特大学研究生院担任教授一职。该校管理研究生院甚至以他的姓氏命名，以示对他的尊崇。另外，在资深经理人心目中，他崇高的管理顾问声望，一直无人能望其项背。50多年来，全球各地不知道有多少大企业的最高主管，曾请求他指点迷津并欣然接受他的建议；政府部门和非营利机构来向他请教的领袖级人物，也大有人在。

自从1950年在《哈佛商业评论》上发表名为"'管理'必须被管理"（Management Must Manage）的文章开始，几十年来，德鲁克和这本著名杂志之间所建立的互惠关系，是另一个值得称道的地方。德鲁克写的一篇名为"已经发生的未来"（The Future That Has Already Happened）的文章，也被《哈佛商业评论》收录在该杂志创刊75周年的纪念专辑内。德鲁克在《哈佛商业评论》上陆续发表过30篇以上的论文，并六度获得该杂志评选的"麦肯锡年度最佳论文奖"。[2] 自《哈佛商业评论》创刊以来，从未有任何一位作者能够像德鲁克这样多产，或像他一样不断以极为精辟的言论，成功触发读者思维。[3]

尽管一向扮演语出惊人的鲜明角色，但与其说德鲁克在文字中存心要让人感受到那种近乎煽动的特质，不如说这是他思考事情的习惯。具体而言，德鲁克不是只看表面现象或人云亦云的人，他习惯用敏锐的眼光去探究真相，进而用严肃的态度去思考事件的发展，研判它们将对社会产生什么影响。本书用"已经发生的未来"作为序言的标题，用来传达我前段文字的意思再恰当不过了。当《哈佛商业评论》的编辑问道：下个世纪管理所面临的最大挑战是什么？德鲁克既未采取时下流行的说法（如科技变动或全球化趋势），也未做任何臆测。相反地，他只是提醒世人，应特别留意人口统计学家早已观察到的现象（发达国家的婴儿出生率持续降低），同时向世人解释，这个趋势为什么以及将如何影响企业未来的竞争环境乃至于经理人最重要任务的本质。

1988年，德鲁克发表了"新型组织的到来"（The Coming of New Organization）一文。那是我第一次以杂志编辑的身份和这位大师合作。这篇文章深入探讨新信息科技即将产生的深远影响力，认为它不仅会改变工作方式，也会促使组织结构做大幅度的转变。事实证明，德鲁克的确有先见之明。在那个时候，德鲁克就预测，到了20世纪90年代，全球各大企业都不得不经历各式各样的变革，而企业再造（reengineering）一词，更贴切地说出了这些变革的本质。德鲁克许多的远见，在10年后一一成为主流管理思想。对于这些无疑是真正创新的想法，我们几乎说不出有多么感激。

从德鲁克的众多论文中挑选部分编辑成册，显然是一项极富挑战性，既能够让人更加谦卑，又能从文中享受无穷乐趣的任务。一旦进入德鲁克鞭辟入里的文字世界，读者偶尔（或经常）会不自觉地忘记自己对某些事情的惯有看法，而欣然接受经过德鲁克分析的新观念。字里行间，德鲁克带给读者的历史知识与道德层面的想象力，是相当微妙且深奥的。简而言之，德鲁克是人类所能想象的最直接、最不会伪装的人，和他共事的确是一件愉快的事。他说出内心深处的想法，也希望得到相同的回报。他不仅鼓励别人发问，更重要的是，不管是知名的管理专家，还是编辑群里不知名的小编辑，德鲁克对他们的贡献一样心存感激。

在挑选适合的文章尝试集结成本书时，我只问两个简单的问题：某篇文章是否历久弥新，至今仍与现在的读者息息相关？它是不是一篇独立的文章？如果一篇文章需要编者写一段引言或加一些注释，以提醒读者留意文中所提及已经发生的特定历史事件，那么就算它的立论多么精辟或是多么有远见，我也不考虑把它编入这本精选集中。我如此强调本书应具备现代感的理由很多，其中包含德鲁克的一项坚持。具体一点说，就是无论从什么角度收录他的文章，他要求我们编出来的精选集要能清楚地回答读者的疑问：为什么要出这本书？如今我们总算完成了编辑的任务，终于能请德鲁克现身说法，用他自己的话直接告诉读者：在不同的时代，哪些是他认为重要的课题，就像他多年来经常在《哈佛商业评论》上适时发表的警世之语一样。

一部依上述过程精心编辑的论文精选集，终于呈现在读者面前。全书包含13章，并根据各章内容属性分为两部分。第一部分为"经理人的责任"，探讨经理人所从事的最基本的管理工作。在第一部分中，"企业经营绩效的管理"和"事业理论：经营假说"这两篇文章发表的时间相差了30年之久。不过，从这两篇文章的中心议题"经理人最重要、最困难也是风险最高的任务，就是设法确保企业组织长期维持健康体质"来看，虽然经过了这么长的一段时间，德鲁克显然并未改变对经理人职责的看法。第一部分还包括一些经常被拿来讨论的课题，如有效制定决策、有系统地创新实践及负责任地管理他人等。

至于第二部分"执行者的世界"，则特别着重于探讨知识型经济中，管理者可能碰到的各项挑战。德鲁克是最早观察到工业型经济逐渐转型为知识型经济，并进一步从这个新挑战出发重构管理实践的人士之一。事实上，早在1969年，当绝大多数学者专家仍在关心蓝领阶级劳工的生产力时，德鲁克已经开始以知识工作者为主题撰写有关的著作了。那时候，德鲁克的著作就开始讨论"如何激励、组织知识工作者""如何应对提高服务性工作生产力的挑战"以及"经理人应重视哪些有助于组织成功的信息"等课题了。

除了请读者"一睹为快"，至此我已无话可说了。希望你们阅读这部精选文集时所得到的乐趣，和我在编辑它时得到的一样多。

1950～1995年德鲁克发表于《哈佛商业评论》上的文章

"Management Must Manage," 28, no. 2 (1950)
"Population Trends and Management Policy," 29, no. 3 (1951)
"Basic Elements of a Free, Dynamic Society–Part I" (with Hoffman et al.), 29, no. 6 (1951)
"Basic Elements of a Free, Dynamic Society–Part II," 30, no. 1 (1952)
"Management and the Professional Employee," 30, no. 3 (1952)
"Integration of People and Planning," 33, no. 6 (1955)
"Potentials of Management Science," 37, no. 1 (1959)
"Realities of Our World Position," 37, no. 3 (1959)
"This Competitive World," 39, no. 2 (1961)
"Big Business and the National Purpose," 40, no. 2 (1962)
"Twelve Fables of Research Management," 41, no. 1 (1963)
"Managing for Business Effectiveness," 41, no. 3 (1963)
"The Big Power of Little Ideas," 42, no. 3 (1964)
"Is Business Letting Young People Down?" 43, no. 6 (1965)
"The Effective Decision," 45, no. 1 (1967)
"Management's New Role," 47, no. 6 (1969)
"What Can We Learn from Japanese Management?" 49, no. 2 (1971)
"New Templates for Today's Organizations," 52, no. 1 (1974)
"Behind Japan's Success," 59, no. 1 (1981)
"Our Entrepreneurial Economy," 62, no. 1 (1984)
"The Discipline of Innovation," 63, no. 3 (1985)
"How to Make People Decisions," 63, no. 4 (1985)
"The Coming of the New Organization," 64, no. 1 (1988)
"Management and the World's Work," 64, no. 5 (1988)

"What Business Can Learn from Nonprofits," 65, no. 4 (1989)
"The Emerging Theory of Manufacturing," 66, no. 3 (1990)
"Reckoning with the Pension Fund Revolution," 67, no. 2 (1991)
"The New Productivity Challenge," 67, no. 6 (1991)
"The New Society of Organizations," 68, no. 5 (1992)
"The Post-Capitalist Executive: An Interview with Peter F. Drucker," 69, no. 3 (1993)
"The Theory of the Business," 70, no. 5 (1994)
"The Information Executives Truly Need," 71, no. 1 (1995)

纳恩·斯通（Nan Stone）

| 序 言 |

已经发生的未来

试图凭空臆测政治、社会、经济及商业等人类活动的未来，是没什么意义的，更不用说试图臆测未来75年的发展趋势了。不过，我们可以想办法标示出一些已经发生而且无可挽回的重大事件。这样做对人类确实有帮助，因为我们可以估计这些重大事件对未来10年或20年的发展将产生什么影响。换句话说，我们可能有办法从"曾经发生"的重大事件中，推测未来趋势，从而预先做好准备。

排除战争、各种污染与毒害或彗星撞击地球的威胁，未来主导人类商业活动的，将不会是经济或科技因素，而是人口问题。但是，左右人类商业活动的主要因素，不是过去40年来许多专家一再警告的全球人口"过剩"问题，而是从日本、欧洲到北美洲，许多发达国家中越来越严重的人口"不足"问题。

发达世界正在集体"自杀"。许多先进国家新生儿的出生率不断下降，使得人口总数持续萎缩。造成这种现象的原因相当明显：面对家庭中逐渐增加的老年人与非劳动人口，年轻一辈的生活担子日益沉重,既然收入仅能够负担家中长辈的生活所需,这些年轻人只好减少另一些依赖他们的人口,也就是少生几个小孩或完全不生育。

或许将来情况会有所改变,但是直到目前为止,发达国家的出生率仍然没有丝毫止跌回升的迹象。就算这些先进国家的出生率,一夜之间回升到50年前美国"婴儿潮"时期的30%以上,等到这批新生婴儿受完教育、变成有生产力的成人,也是25年以后的事了。换句话说,未来25年内,在发达国家中,人口不足已是不争的事实。因此,这些国家的社会与经济体系,可能会面临以下问题。

- 在所有发达国家中,身体健康、在总人口中占大多数的那群人,他们的实际退休年龄(不再从事任何工作的年龄)将延长到75岁。
- 将来不论是增加劳动人口(也就是像以前一样,尽量投入更多资源)还是刺激消费者需求,都无法再促进经济增长了。想要见到经济增长,发达国家唯有针对知识性工作及知识工作者(也就是这些先进国家唯一仍拥有优势的资源)持续且大幅提高生产力。若果真如此,发达国家或许还可能保持几十年的优势。
- 将来不会再有主导世界经济的单一强权了。因为任何发达国家都没有足够的人口让它们扮演这种角色。对任何一个国家、产业或企业而言,都不再有所谓的长期竞争优势。因为在任何期间,不管资本还是科技,都无法弥补越来越短缺的劳动力资源。两次世界大战期间发展出来的训练方法,已经足以让没有工业制造经验的生手,在极短时间内摇身一变,成为具备世界级水准的熟练工人。在公开市场上,谁都可以取得必要的科技以发展自己的品牌,再设法引进最新科技强化现有品牌,这种做法已经成为定律,而且付出的代价相当有限。对发达国家来说，知识工作者已成了唯一的相对优势来源，然而，它不是以"质"取胜的优势；和先进国家的知识工作者相比，新兴国家中受过教育的人在聪明才智方面毫不逊色，因此，它是以"量"取胜的优势。换句话说，在人数方面，发达国家中知识工作者的确占有相当大的优势。想要在世界经济舞台上维持现有竞争地位，将量的优势转变为质的优势，是发达国家应该努力的方向。这意味着，发达国家应该有系统地以知识性工作及知识工作者为对象，设法持续提高这两者的生产力。但是截至目前，这个课题仍未受到重视，以致知识性工作及知识工作者的生产力普遍偏低。

知识不同于其他各种资源，因为知识会不断地自我淘汰。今天拥有最先进知识的人，明天很可能就变成最无知的人。另一个原因是，知识常常被快速甚至突如其来的变动所左右，例如，医疗领域从传统制药方法到基因技术，电脑业从个人电脑到互联网，都是活生生的例子。

当然，在世界经济舞台上，知识性工作及知识工作者的生产力，并非唯一的竞争要素。不过，至少对发达国家的大多数产业而言，它有可能演变为决定性的竞争要素。如果这个预测属实，企业界及主管将面临以下的课题。

- 第一个也是影响最深远的课题是：不论本质还是内容，各类与商业运作相关的知识，将以不可预知的模式持续改变，而这种突发的改变，将迫使世界经济一直处于高度变动与竞争的环境中。
- 企业组织与主管所需要的信息，可能会一直快速变动。过去多年来，人们一直专注于改进传统信息。具体而言，人们几乎只关心组织"内部"的信息,"会计"就是一个很好的例子。时至今天,这个忠实记录公司所发生大小事情的传统信息系统,仍然是大多数主管赖以生存的重要决策工具。从作业成本法会计制度、执行计分卡到经济价值分析,近年来,学者专家在会计领域所做的改变与改进,仍然离不开"如何更准确地提供公司内部信息"的范围。利用最先进信息系统产生的资料,也具有同样目的。事实上,任何组织搜集来的信息,90%以上都是该组织内部发生的事件。将来,如果管理者想要制定出赢的策略,势必要取得更多与组织"外部"事件及环境有关的资讯:非顾客的情报、非本身和既有竞争者所使用科技的发展趋势以及非现有市场的信息等。唯有取得这类信息,组织才能够决定如何分配所拥有的知识资源,从而创造出最高的投资回报。也唯有取得更多这类信息,在面对世界经济环境与知识本质所带来的突发性变动时,企业组织才能做好充分的准备,以应对各种新的变革与挑战。在这种情况下,如何针对外部信息发展出更严谨的搜集与分析方法,将逐渐成为企业组织与信息专家必须面对的重大挑战。

- 知识造就了"可移动的资源"。知识工作者和制造工人不同,因为知识工作者本身拥有生产工具,那就是他们脑袋里的知识,他们可以带着生产工具四处移动。与此同时,企业组织所需的知识,也有可能不断变动。因此,在发达国家中,企业越来越不能用传统方式去"管理"这批逐渐增加而且支领高额薪资的主要工作人口。在大多数情况下,这批知识工作者甚至不能算是组织的正式员工,而是承包者、专家、顾问、兼职人员或风险投资事业的合伙人等。逐渐地,我们将以他们所拥有的专业知识,而不是以付酬劳给他们的企业来辨认他们。

- 从每一个角度来看，上述所有课题，都将改变"组织"的意义。从美国的摩根、洛克菲勒，德国的西门子，法国的法约尔到通用汽车公司的斯隆，再到现在最流行的团队模式，一个多世纪以来，人类一直在寻找最适合自己公司的"正确的组织"。但是，将来不会再有这种东西了，以后将只有各种不同的组织。这就如同一座炼油厂、一座天主教堂及郊区的一栋房屋，虽然都是建筑物，彼此之间却有很大的差异。发达国家的每一个组织（不限于企业组织），都将针对特定的任务、时间和地点，设计出最适合的组织结构。
- 上述所有趋势也告诉我们，管理艺术与科学的应用范围将逐步扩大。大约在125年前，人类为了生产"东西"，从而发明了管理，企图以有组织的方式提高生产力。今后，管理将从商业组织逐渐扩展到更多领域。未来对于社会知识资源的管理，将着重于发展新观念、新方法以及实践的最重要领域，特别是目前管制过多或是管理不足的教育与医疗机构。

以上所言是对未来的预测吗？不是的，它们是"已经发生的未来"。

1

第一部分
经理人的责任

PETER DRUCKER ON THE
PROFESSION OF MANAGEMENT

第 1 章
事业理论：经营假说

第 2 章
有效的决策

第 3 章
如何做人事决策

第 4 章
小构想，大作用

第 5 章
创新的原则

第 6 章
企业经营绩效的管理

第 1 章 | CHAPTER 1

事业理论：经营假说[一]

直到不久前——20 世纪 40 年代末 50 年代初，那时还没有今天流行的管理技术：缩减规模、外包、全面质量管理、经济附加值分析（EVA）、标杆学习及企业再造等。这些工具都很有用，但是外包和企业再造除外，其他所有工具设计的初衷，都是希望经理人采用一套不同于以往的方法，解决早已存在的问题。换句话说，它们应该可以归类为告诉人们"如何做"（how to do）的工具。

然而，"做什么"（what to do）却渐渐成为管理者必须面对的重大挑战，尤其是过去长期绩效卓著的大公司经营者感受更为深刻。问题都是极其相似的：企业界的超级巨星，一夜之间突然发现业绩开始走下坡路、商场竞争频频受挫、经营陷入困境，而且应付这类危机时似乎力不从心。不仅是美国，在日本、德国、荷兰、法国、意大利及瑞典等国家中，这种现象也越来越常见。连工会、政府、医院、博物馆及教堂等商业领域

[一] 发表于 1994 年 9~10 月。

以外的机构，也不能幸免。事实上，商业领域以外的机构出现这种现象，更不易被察觉。

造成几乎人人均陷入危机的根本原因，并不是经营者事情做得不好，甚至不是他们做错了什么事。事实上，大多数时候，经营者做的都是"对"的事情，只是没有效果而已。为什么会出现这种明显矛盾的现象呢？答案是：经营者当初据以建立并经营一个组织的假设，已不符合现实需求了。从一个组织所表现出来的行为到它决定做什么、不做什么乃至于界定它应该追求什么样的绩效，都受到上述假设左右。具体来说，这些假设决定了一个组织将开发哪些市场及顾客、和什么样的竞争者竞争，也决定了该组织的价值观及行为。它们决定了一个组织将以哪一种科技以及发展趋势作为经营方向，从而界定它的竞争优势与不足。简而言之，这些假设决定了一个组织付出努力之后，将得到什么样的回报。我把这些假设称作一家公司的事业理论（theory of the business）。

过去赖以成功的经营假说如今已经失效

不论商业还是非商业，任何组织都有一套事业理论。事实上，一套定义明确、前后一致、目标聚焦的事业理论，所发挥出来的威力是非常可观的。以1809年的德国为例，当时的政治家及教育家洪堡，即根据一套与传统模式大不相同的新理论，和几位有识之士共同创办了柏林大学。一直到希特勒上台前这100多年，洪堡的新理论重新定义了德国大学的教育方式，特别是在学术研究和科学研究方面。同样地，1870年，德意志银行的创办人暨首任总裁乔治·西门子，也曾根据一套非常清楚的事业理论，创办了世界上第一家平民化银行：贷款给一般创业者，让当时国内政治势力四分五裂仍以农业为主的德国，能够快速蜕变为工业化国家。短短20年内，德意志银行就跃升为欧洲金融机构的龙头。之后，德意志银行虽然历经了两次世界大战、通货膨胀、希特勒等事件的冲击，直到今天，它的龙头地位依然屹立不倒。19世纪70年代，日本三菱公司的创始人也依据一套清晰、全新的事业理论，在短短10年时间里成为新兴的日本工商业的领导者，在其后不到20年的时间里成为第一家真正意义上的跨国公司。

事业理论同样也能解释，为什么通用汽车公司和IBM这两家公司，能够主导20世纪下半叶的美国经济以及它们为什么正面临难以应付的挑战。事实上，令全世界许多成功大企业心神不安的深层原因，乃是过去它们赖以成功的事业理论，如今已经过时了。

* * *

一旦大型组织（特别是那些多年来一直很成功的企业）陷入困境，官僚主义总是第一个被揪出来批评的对象。人们纷纷怪罪这种组织结构反应迟钝、容易自满、傲慢自大，而且结构大而不当。这种说法听起来合理吗？回答当然是肯定的。但实际上它们都是一些似是而非的说法，很少切中问题的要害，与事实无关或不相符合。我们举两个大家耳熟能详的实例来说明，最近有两家美国企业经营陷入困境，舆论多半将原因归咎于它们"傲慢自大的官僚主义"。

早在计算机产业的发展初期，IBM公司上下均信守这样一个信条："未来的计算机行业会与今天的电力行业相似"。IBM相信能以严谨的科学证实，未来人类将发展出像火车站一样具有强大威力的主机型电脑，可供无数的使用者联机使用。从经济学、信息处理的逻辑到科学技术，所有领域的专家都同意这一推论。然而就在这种中心站和大型中央处理器为基础的信息系统正要进入人类的真实生活时，两个年轻人装配出了全世界第一台个人电脑。当时，所有计算机制造商都把个人电脑当笑话看。从内存、硬盘储存容量、处理数据的速度，一直到计算能力，个人电脑都存在很多局限，不太可能取得成功。事实上，每一家计算机制造商均断言，将来个人电脑一定会失败。其实在几年前，施乐公司的研发团队就已经造出第一部个人电脑了，只是当时施乐也认为这种产品行不通而决定放弃。然而，这些被认为会遭人蔑视而且其貌不扬的产品陆续上市之后，先是苹果（Apple），然后是麦金塔（Macintosh），消费者不仅爱上它们，更愿意花钱买回去使用。

在历史上，所有叱咤风云几十年的大企业，碰到这种令人诧异的变化时的第一反应都是拒绝接受事实。1888年，当柯达公司推出柯达布朗尼相机（Kodak Brownie）时，德国蔡司镜片公司（Zeiss）总裁就曾不屑地说："那不过是一股愚蠢的热潮。最多再等3年，市场上就找不到这种产品了。"当时蔡司在全球光学镜片领域的龙头地位，与100年后IBM在全球计算机市场的地位几乎一样。面对个人电脑的兴起，大多数主机型计算机制造商的反应都是嗤之以鼻。我可以列出一长串的名单：美国的Control Data、Univac、Burroughs和NCR；欧洲的西门子、Nixdorf、Machines Bull和ICL；日本的日立和富士通。IBM当时是主机型计算机市场的霸主，它的销售额是其他所有同业的总和，而且利润刚刚创下历史新高。它完全可能和其他厂商有相同的反应，事实上它也应该那样。但是相反地，IBM立刻接受了个人电脑这种产品的新现实。几乎在一夜之间，IBM的管理层撇开了那些久经考验并获得成功的公司政策、规则和管理模式，而且成立了两个互相竞争的开发团队，要求它们开发出更简单的个人电脑。仅仅两年之后，IBM就已经变成全世界最大的PC制造商，所生产PC的规格也成为产业标准。

这一成就在商业史上是空前的。IBM根本不屑于在诸如官僚主义、反应迟钝或傲慢自大等争论中浪费时间。遗憾的是，尽管IBM表现出前所未有的弹性、活力和谦虚谨慎的态度，但数年后还是陷入了困境，主机型计算机事业和PC事业概莫能免。突然间，IBM变得行动迟缓、优柔寡断，丧失了变革的能力。

通用汽车公司的遭遇同样令人费解。20世纪80年代初期，就在该公司最主要的旅行轿车生意一落千丈的那几年，通用汽车收购了两家大型企业：休斯电子公司（Hughes Electronics）和罗斯·佩罗的电子数据系统公司（Electronic Data Systems，EDS）。当时，产业分析师普遍认为，被收购的这两家公司已经过气了，并批评通用汽车出价过高。然而短短数年内，EDS的年营收和利润竟然是原来的3倍多。10年后，也就是1994年，EDS的市值已经涨到通用汽车当初收购价格的6倍，年营收和利润也增长到原来的10倍。

与此相似，通用汽车买下专门承揽国防工业生意的休斯电子公司时，恰逢国防工业开始大幅衰退。然而在通用汽车的经营下，休斯电子的国防生意不减反增，而且成为第一家成功实现军转民的大型国防工业承包商。尤其令人诧异的是，通用汽车指派担任休斯电子总裁、立下显赫功绩的负责人，在汽车制造业中根本是个无名小卒——在通用汽车已服务了30年，从未在其他公司工作过，甚至从未在财务、会计以外的部门工作过。在上述两例收购活动中，被任命的领导人仅仅是原封不动地照搬通用汽车公司的既定政策、措施及流程而已。

其实，通用汽车公司以前就有过类似的经验。早在80年前通用汽车创立初期，该公司就是经过一连串的并购而略具雏形。当时，通用所收购的别克（Buick）、AC火星塞（AC Spark Plug）及费希博德（Fisher Body）等公司虽然业绩良好，当时却被大多数人认为已属于夕阳工业。在通用汽车的用心经营下，这些被收购的过气公司，不仅在日后一一变成通用汽车的核心事业，而且成为全世界范围内的行业冠军。就收购的表现而言，极少有企业能够与通用汽车的成就匹敌。你自然不会将官僚主义、反应迟钝或傲慢自大与这家公司联系在一起。令人困惑的是，一方面通用汽车将被自己收购的业务运营得如此完美，另一方面却在自己本业的经营上一塌糊涂。

* * *

我们如何解释这样的现象：在IBM和通用汽车，那些多年来行之有效的政策、实践和行为，为什么失去了往日的光彩？甚至在通用汽车的案例中，它们依然适用于其他的行业和公司。其症结在于，这两家公司面对的现实已经大大偏离了它们当年所做出的基本假设。换句话说，现实环境已经悄然改变，但是组织的事业理论却未能与时俱进。

IBM面对PC机时代的降临采取了灵活的反应。这样的战略性转变在该公司的历史上不是第一次。1950年，当时全球领先的计算机厂商Univac已经开发出世界上第一台多功能计算机的原型。在此之前，所有厂商设计出来的计算机都仅具有单一功能。IBM曾于20世纪30年代末及1946年分别推出两款计算机，但功能都仅限于天文方面的运算。1950

年，IBM接受美加两国"赛其防空系统"（SAGE，一种半自动地面控制防空网系统）的委托，尝试设计一款新的计算机，但它也只有一项功能：敌机预警。在看到Univac的样机之后，IBM立刻放弃了"开发更先进的单一用途计算机"的既定策略，而把最优秀的工程师集合在一起，要求他们以Univac的多功能机原型为蓝本，设计出能够大量制造（而不是仅能手工生产）并具有实用价值的新型计算机。3年后，IBM成为全世界计算机制造商的新领袖，并且成为行业中标准的制定者。IBM并不是计算机的始创者，但在1950年，凭借高度的决策弹性、执行决策的速度及谦虚的态度，IBM缔造了整个计算机产业。

令人遗憾的是，在1950年帮助IBM取得竞争优势的经营假说，30年后却成为阻碍该公司成长的绊脚石。到了20世纪70年代，IBM仍然假设有"主机型计算机"这个东西，并认为和50年代没什么两样。然而个人电脑的崛起，摧毁了这一假设的现实基础。事实上，主机型计算机与个人电脑的关系，不再像是发电厂与烤面包机的关系了。以后两者为例，尽管发电厂与烤面包机大不相同，两者却是互赖互补的。反观主机型计算机与个人电脑，却互为对方的主要竞争对手，而且两者对"信息"的基本定义其实是针锋相对的：主机型计算机视信息为记忆，而简便型的个人电脑却视信息为软件。建造发电厂和制造烤面包机，显然应视为两个不同的行当，不过这两者却可以由同一家企业经营。几十年来，通用电气一直成功管理着类似的业务组合。但是，主机型计算机和个人电脑却不太可能由同一家公司同时经营。

IBM试图将两者结合起来。可是，由于PC机生产是整个公司中业务发展最快的部门，不可能令这一部分隶属于大型机业务。在这种情况下，

IBM无法优化大型机的业务。另一方面，由于大型机业务仍然有利可图，公司同样也没能把精力全部放在PC机业务上，IBM由此陷入了左右为难的境地。究其原因，则在于IBM始终坚持其错误假设：将计算机仅仅看成机器，或者用更枯燥的表达来说，IBM认为计算机是由硬件驱动的产业。

通用汽车公司的事业理论曾经比IBM还要成功，因此也就更加根深蒂固。正是在这一理论的指导下，通用汽车发展成为世界上最大和最赚钱的制造商。在长达70年的历史中，该公司从未遭遇过挫败，创下了工商业史上无与伦比的纪录。这一理论将有关市场与顾客的假设同核心竞争力和组织结构的假设紧密地结合起来。

早在20世纪20年代初期，通用汽车公司即假设，美国汽车市场中，买主对汽车价值看法的同构型甚高，因此可依不同等级的汽车价位，构建按照收入等级划分的客户区隔。通用汽车唯一需要掌控的一项独立变量，就是"年份还很新的"二手车的价格。通用汽车提供诱人的二手车收购价格，鼓励车主升级购买更高一级的车种，也就是购买（对通用汽车公司而言）利润更高的新款车种。根据这个假说，频频改款或做较大幅度改款的做法，只会压低收购价格。

就组织内部运作而言，这样的市场假说，与如何安排生产部门尽量生产，以创造最大市场占有率和利润的假说，有着密不可分的关系。就通用汽车的案例来说，该公司的实际做法是，连续大量生产同一款式的汽车，每年仅做小幅度的改款。于是乎，每年市场上都会固定出现大量款式相同的汽车，而且通用汽车把每辆汽车的固定成本压到最低。

通用汽车把关于市场和生产的假说应用到组织结构上，设计出半自主性的事业单位。总公司让每一个事业单位经营一个所得区隔，并对较低所得区隔的事业单位进行了刻意安排，把旗下最高级车的价格，和上一个区隔旗下最便宜车种的价格重叠。如此一来，通用汽车几乎是强迫车主隔几年就要换购更高级的新车，因为该公司开出来的旧车收购价格，实在是太诱人了。

这套经营假说经受住了长达70年的考验。即使在20世纪30年代的经济大萧条时期，通用汽车不仅没有亏损，反而在市场占有率方面持续稳定上升。然而到了70年代末期，这个关于市场及生产的假说却失去了往日的魔力。汽车市场已经转变为按照具有高流动性的生活方式（life style）进行细分。收入依然是影响购买决策的因素，却不再是唯一的因素了。与此同时，逐渐流行的精益生产模式，也使得小批量生产在经济上变得可行。具体来说，精益生产的方式可以做到小批量生产不同规格及型号的产品，其成本甚至比大批量的单品生产还低，而且利润更高。

通用汽车公司当然不会不知道市场环境的变化，只是无法接受而已（通用汽车公司的工会至今仍拒绝接受），它们试图用修修补补的手法来解决问题。公司保留了现有的按消费者收入类别划分的分部，但它们现在所生产的却是一种"面向所有消费者的汽车"。它还试图通过对大批量、长周期产品的生产进行自动改造，来同小批量精益生产方式相竞争（在此过程中浪费了300亿美元）。与外人想象的正相反，在修补的过程中，通用汽车投入了大量的时间和精力，做出了极为艰苦的努力。然而，其结果却是令消费者、经销商甚至通用汽车自己的管理人员和员工都陷入了混乱。与此同时，通用汽车忽略了它的**真正**有增长可能的市场：轻型卡车和迷你面包车。它在这两个产品的市场上占有不可动摇的领先地位。

事业理论的三个部分和四项特征

一套事业理论共包含三个部分。

第一部分是关于组织外部环境的假设：社会及其结构、市场、客户和技术。

第二部分是关于组织特定使命的假设。例如，第一次世界大战（简称"一战"）及之后的几年里，西尔斯百货公司将该公司的使命定义为"服务于美国家庭需要的采购员"。10年后，英国的马莎百货公司（Marks and Spencer）则定义自己的经营使命为"全英国第一家对不同阶层购物者一视同仁的零售商"，从而使自己成为促进英国社会改革的推动力。同样也是在"一战"期间及战争刚结束时，美国电话电报公司（AT&T）把自己的使命定义为"确保每一个美国家庭及公司都能够装上电话"。组织的使命不一定非要那么野心勃勃。和上述例子相比，通用汽车公司的经营使命就谦虚和保守得多——套用阿尔弗雷德·斯隆的话来说，就是"成为陆上动力运输设备的领导者"。

第三部分是关于核心竞争力的假设：为了达成既定使命，组织应该建立什么样的能力。创立于1802年的西点军校，将其核心竞争力定义为"培育出能赢得下属信任的领导者"的能力。20世纪30年代，马莎百货公司将"识别、设计、开发（而非向外采购）该公司所销售产品"的能力定为自己的核心竞争力。20世纪20年代，美国电话电报公司（AT&T）把"建立科技领导地位，使得公司能在稳定降低费率的同时，持续提升服务质量"的能力，定为自己的核心竞争力。

一个组织对外部环境的假设，决定了组织获取回报的来源。对使命的假设，则界定了哪些成果对组织是有意义的。换句话说，对使命的假设明确指出，自己应该为经济体系和社会做出什么样的贡献。最后，对核心竞争力的假定，界定了组织胜过竞争对手、维持领导地位所必须具备的特长。

当然，上面的这一切听起来会让人误以为很简单。事实上，除非经过多年的艰苦努力、反复思考和摸索实验，否则经理人是不可能发展出一套清晰、一贯、可行的经营假说的。然而，任何组织要想取得成功，必须拥有一套自己的事业理论。

一套实际可行的经营假说应具备哪些特点呢？以下四项就是最起码的要求。

（1）对外部环境、使命、核心竞争力的假设，必须与现实相符。

20世纪20年代初期，来自英国曼彻斯特的西蒙·马克斯（Simon Marks）和他的三个连襟（四个一文不名的年轻人）认为，由于"一战"已经极大地动摇了英国原有的阶级秩序，平凡无奇的便士杂货铺（penny bazaar）在未来将成为社会改革的推动力。那次战争同时也创造了一批为数众多的新消费大众。这些人喜欢购买质高价廉的流行商品，如内衣、宽松套头衫及长袜等（这些正是马莎百货公司创办时最受欢迎的商品）。接下来，马莎百货公司系统地培养出前所未有的、全新的核心竞争力。过去，一家商店的核心竞争力不外乎培养优越的采购能力，马莎百货公司却认为该公司不是制造商而是零售商，因为零售商是最了解顾客的。基于这个理由，应该由零售商来设计、开发产品，并主动寻找有能力制造出符合该公司对产品设计、规格及成本等要求的供货商。这个对零售商的新定义，在马莎百货公司坚持了5～8年的时间后，才被传统的供货商接受。以前它们总是把自己看作制造商，而不是分包商。

（2）这三个方面的假设必须互相吻合。

这或许是通用汽车公司几十年来优势地位的最主要来源。该公司对市场及最优化生产流程的假设，绝对称得上是完美的搭配。早在20世纪20年代中期，通用汽车就认为，应该建立另一项全新的、闻所未闻的核心竞争力：对制造流程实施财务控制及一套资本配置理论。由此，通用汽车发明了现代成本会计制度以及第一套资本配置流程。

（3）事业理论必须让组织的所有成员知晓并理解。

在组织创立初期，要做到这一点并不困难。然而随着组织越来越成功，它会倾向于将现有的事业理论视为理所当然，而对这一理论的反思却越来越少。于是组织变得得过且过，凡事希望走捷径。它开始追求权宜之计，而不是正确的目标。它停止了思考，也不再质疑现有的业务运作方式。它记得答案，却忘了问题到底是什么。事业理论变成了"文化"。"文化"是不能替代规则的，而事业理论恰恰就是一种规则。

（4）事业理论必须不断经受检验。

事业理论并不是刻在大理石板上完全不能改变的文字。它只是一种假设，一种对持续变化的事物（社会、市场、顾客、科技等）的假设。因此，任何一个事业理论都必须建立自我革新的能力。

* * *

某些经营假说的威力，强大到可以持续很长一段时间。但既然是人工的产物，就不可能永远有效。特别是今天，极少有经营假说能延续很久还具有相同效力。最终，每一个经营假说都会变得落伍而不再有效。这正是那些20世纪20年代创立的美国伟大企业，如今一个个遭到悲惨命运的真实写照。从通用汽车到AT&T，再到IBM，几乎无一幸免。当初以平民化银行假说起家的德意志银行同样如此，而日本特有的关系企业集团"经连社"㊀，如今也正在快速老化解体。

面临经营假说逐渐跟不上时代潮流的窘境，几乎所有组织的第一个反应都是自我防卫性的。就像鸵鸟碰到危险时，习惯性地把头埋在沙子里，以为这样就没事了。第二个反应则是试图进行修补，就像20世纪80年代初的通用汽车和今天的德意志银行一样。当一家又一家以德意志银行为主办银行的企业突然和出乎意料地陷入危机，表明这些银行的事业理论已经不能适应今天的市场环境了。换句话说，德意志银行已无法继续当初创立时的宗旨：帮助现代企业更有效率地经营事业。

修修补补从来都只能是权宜之计。相反地，当经营假说刚露出和现实状况脱节的征兆时，就是经营者重新思考的契机。经营者应该重新审视现有的对外部环境、经营使命及核心竞争力的假定，以了解它们是否准确地反映现实状况。在此之前，经营者应做好心理准备，多年传承而来曾帮助公司不断成长的经营假说，可能已经不适应今天的形势了。

* * *

面对这样的挑战，经营者应该采取什么样的应对措施呢？组织应采取预防措施，也就是事先建立一套能系统性地监视及测试既有经营假说的机制。早期诊断很重要。最后，经营者应重新思考已经步履蹒跚的经营假说，同时采取有效行动以改变现有政策及实践，将组织的行为与其

㊀ keiretsu，第二次世界大战结束，日本境内三井、三菱、住友等财阀陆续解体后，又形成一种新的关系企业集团，称为"经连社"。"经连社"成员之间的关系较为松散，平常经由社长俱乐部联络沟通，不像财阀系列那样由总公司统筹经营策略。——译者注

所面对的环境的新现实协调起来,对其使命以及需要发展和取得的新的核心竞争力进行重新定义。

事先建立预警措施应对变化

组织能采用的预防措施只有两种。如果组织能持续地使用它们,将能使经营者随时保持警觉,并且使得该组织有能力快速更改经营假说,从而以最快速度进行必要的改革。

第一个预防措施我称为"主动抛弃"(abandonment)。每隔三年,组织都应该挑战现有的一切,质疑所有的产品、服务、政策、销售渠道。"如果不是已经进入了这些领域,现在让我们重新选择,我们还会考虑进入吗?"通过质疑这些已被大家接受的政策与业务运作流程,组织将迫使自己重新思考已经奉行多年的经营假说,进而检视自己对外部环境等的假定是否和现实世界脱节。组织应该不断逼问自己:"为什么五年前看起来非常合理的做法,现在行不通了?是不是我们犯了什么错误?还是因为举措不当?或是我们做的是对的事情,却没有产生预期的效果?"

若非有系统、有目的地抛弃现有一切,组织将陷入事务性工作中。它会无意识地将最宝贵的资源投入不应涉足的或本该放弃的地方。因此,当市场、科技与核心竞争力发生变化,需要组织动用资源去开发这些变化所带来的商机时,却因为缺乏足够资源,特别是缺乏优秀人才而扼腕兴叹。换句话说,当企业的事业理论变得过时后,即使面对新的市场机遇,也无法做出积极的应对。

第二个预防措施是研究公司业务以外的领域,特别是"非顾客"的部分。这几年来，走动式管理（walk-around management）已经成为时尚的管理模式。这样做的确很重要，而尽一切可能去了解自己的顾客也很重要——信息技术在这方面的贡献很大。然而那些重大改变的最初征兆，极少能在组织内部或既有顾客里发现。这类征兆几乎都出现在非顾客那里，因为非顾客的人数总是远超过顾客。以零售业巨子沃尔玛为例，该公司占有全美消费品市场的14%，这意味着在这个市场中有86%的人是该公司的"非顾客"。

事实上，能够说明非顾客重要性的最佳实例就是美国的百货公司。大约20年前，也就是百货公司业务的鼎盛时期，就非食品类零售市场而言，百货公司服务的人口数约占美国总人口数的三成。它们经常检讨现有客户结构、研究客户的消费行为，并进行意见调查。然而，它们却未曾注意到，市场中还有70%的人不是百货公司的顾客。当然它们也不认为这样做有什么不对，根据它们的经营假说，有能力到百货公司购物的消费者，绝大多数都已经来了。如果是在50年前，这样的假说完全符合当时的现实情况。可是当"婴儿潮"人口长大成人后，这个假设就渐渐地失真了。对婴儿潮人口中主导家中经济大权的人（双薪家庭中受过良好教育的职业女性）来说，决定去哪里购物的主要理由，不是产品售价的高低，而是每次去购物时所耗费时间的长短，偏偏这一代的职业女性没有足够的时间上百货公司购物。由于百货公司的眼中只有自己的顾客，而直到几年前，它们才发现这一转变，可惜为时已晚。当它们警觉到这个趋势时，百货公司的业务量已大幅萎缩，想要挽回"婴儿潮"一代女性的青睐已经来不及了。百货公司从这次的痛苦教训中学到了一个经验：顾客导向固然很好，但是还不够。简言之，组织必须重视整个市场的走向。

特别留意初期警讯

想要尽早知道经营方向有没有偏差，经理人必须特别留意初期警讯。当组织达成创立时所设定的早期目标时，其经营假说往往就开始与现实脱节了。因此，达成初期目标不应该是庆祝胜利的理由，反而应该是重新思考的起点。20世纪50年代中期，AT&T已经达成让每一个美国家庭及公司都装上电话的使命，因此该公司的一些主管指出，现在是重新评估经营假说的时候了。他们建议把市内电话业务（这个目标已达成）与尚有成长潜力及未来的业务区隔开，先从长途电话开始，再拓展到全球电信领域，可惜他们的建议并未得到其他主管的重视。几年后，该公司开始出现经营危机，反而是"反托拉斯法案"拯救了它的命运。美国政府下令强迫AT&T分割业务，这正是该公司当初不愿意主动去做的事。

快速成长则是经营假说碰到危机的另一个警讯。如果组织在短时间内业务量扩张了两倍或三倍，基本可以确定，这种成长幅度已经超过其原始经营假说所能负荷的量。甚至那些在硅谷发迹的高科技业者，也学到了这样的功课：一旦公司快速成长到员工必须佩戴识别证时，过去那种下班后一起喝啤酒聊天的沟通方式显然已经不够了。如此迅猛的发展，必然会深深动摇现有的经营假说、政策和习惯。不要说继续发展了，只是想要维持健康的体质，组织都必须重新思考、质疑自己过去对外部环境、使命及核心竞争力的假设。

还有两个更清晰的信号，一旦出现，同样也标志着组织的事业理论变得不再有效：一个是意料之外的成功——不论是自己的还是竞争对手的；另一个则是莫名其妙的失败——同样，不论是自己的还是竞争对手的。

就在日本进口车快把美国三大汽车公司（通用、福特和克莱斯勒）逼得走投无路时，克莱斯勒却在另一个领域取得了成功，这完全出乎业界及专家的意料。克莱斯勒在传统轿车市场节节败退，比通用和福特更为狼狈。然而该公司却在吉普车和迷你面包车（这两款车型得以开发成功，几乎是一个意外）市场，获得了出奇好的成绩。当时美国轻型卡车市场上的霸主是通用汽车公司，它在产品的质量和设计方面都遥遥领先，但是它对扩大轻型卡车的生产能力却未给予足够的重视。毕竟，在那之前，人们一向是将小型货车和轻型卡车划入商用车而不是代步工具（小轿车）的类别中。但事实上，当时绝大多数小型货车的购买用途已经转而作为代步工具了。如果通用汽车公司能够早点注意到它的竞争对手和小兄弟克莱斯勒在这一市场上所取得的成功，它就会意识到自己关于市场和核心竞争力的假设都已经失效了。小货车和轻型卡车市场根本就不是一个可以按收入水平进行分级的市场，它的销售也几乎不受经销商旧车收购价格的影响。更令人感到奇怪的是，早在15年前，通用汽车公司就已经在轻型卡车和小货车的生产过程中开发出了精益制造的技术，然而它却始终未能再向前迈一步。

和意料之外的成功一样，非预期的失败也是含意深远的警讯，应该得到应有的重视。正如一位年仅60岁的壮年人，虽然是初次罹患"轻微"心脏病，却应该以很严肃的态度看待这个征兆。60年前发生经济大萧条的时候，西尔斯百货即认定，与其将汽车保险视为一种金融商品，不如说它已演变为一种附属于汽车的"附加商品"。既然该公司决定扮演好"服务于美国家庭需要的采购员"的角色，而销售汽车保险恰好符合公司既定的使命，于是西尔斯百货决定贩卖这个产品。此举让所有人都认为该公司疯了。没想到推出新产品之后没多久，汽车保险立刻就成为该公司最赚钱的事业。20年后，也就是20世纪50年代，西尔斯又做了另一个正确的判断：钻石戒指已经变成必需品而非奢侈品。于是它立即采取了行动，很快便成为全世界最大可能也是最赚钱的钻石零售商。基于过去几次成功的经验，当西尔斯在1981年做出判断，认为金融商品已变成一般美国家庭都会购买的消费品时，决定跨足理财市场应该是合乎逻辑的决策。于是公司买下添惠证券公司（Dean Witter），并在店内设置理财产品专柜。可是这次的结果却是一场彻头彻尾的失败。美国大众显然并不认同把金融商品视为"消费品"的观念。西尔斯百货最后终于放弃了原先的做法，转而把添惠证券公司看作一个独立于连锁店以外的业务来经营。此后，添惠证券公司的业务蒸蒸日上。1992年，西尔斯将添惠证券公司售出，着实赚了一笔可观的利润。

如果西尔斯当时就能够从这次挫折中吸取教训，将这次失败看作过时的事业理论的产物而不仅仅是一次偶然的失误，它就会立刻动手进行组织重组和再定位，而不至于等到今天才开始这一工作，白白丧失了当年稳居行业领导地位时的有利条件。西尔斯本来是有这种机会的。它的竞争对手，包括彭尼公司在内，都从添惠证券公司的失败中悟出，市场同质性概念（西尔斯和其他大型零售商沿用多年的战略就是建立在这一概念之上的）已经不合时宜了。

重新构建事业理论

习惯上，经理人总是习惯祈求奇迹，盼望有人挥一挥手中的魔杖，就能化解组织的经营危机。然而从建立、维持，到重新检讨、更正一套经营假说，不一定只有成吉思汗或达·芬奇那样的天才人物才能胜任。组织不需要天才，需要的是能够认真做事的领导者。领导者聪不聪明并不重要，重要的是他是否认真负责地做事。组织高薪聘请某个人担任总裁，就是希望他能做到这一点。

不可否认，确实有不少 CEO 成功地改变了组织原有的事业理论。当年默克公司（Merck）的创办人兼 CEO 创办该公司时，制定了"仅专注于研发能一举突破技术瓶颈且能为公司赚取高额利润之专利性药品"的策略，并因而一举成为全世界最成功的制药公司。后来，他却决定改弦更张，通过收购一家大型的一般药品及非处方药的经销商，大幅改变了原有的事业理论。他不是因为经营出现了危机才这样做。事实上，默克公司那时候的业绩表现非常不错。同样地，几年前，全球知名度最高的家电制造商索尼公司新上任的总裁也大幅改变了该公司奉行多年的经营假说。他收购了好莱坞一家电影制片厂，把公司的经营重心从硬件产品制造转向软件，试图以软件生产商的身份为自己的硬件产品创造市场需求。

虽然，许多企业高级主管表面上看来是不折不扣的奇迹创造者，其实他们每一位都是因为经营方向出了问题，而凭着自己的真本事开创出新局面。我们不能依赖奇迹创造者让那些已变成古董的经营假说恢复生机，如同我们不能依赖他们治愈其他重病一样。当被问及他们成功的原因时，这些被认为创造了奇迹的领导者反而会用憎恨的口吻否认人们所看到的表象——说他们是靠领袖魅力或描绘出一幅美丽的远景，因而得到有力臂助，最终达成艰难任务。事实上，他们都是从诊断病因和分析问题着手的。他们也都承认，想要达成高难度目标，并让组织迅速成长，一定要用严肃的态度重新思考现有经营假说。他们不会想当然地把非预期的失败归咎于下属无能或视其为意外。相反地，他们会把它视作"组织现有机能衰竭"的一个征兆。如果出现了非预期的成功，他们也不会因此自我邀功，反而会把它拿来作为质疑现有经营假说的试金石。

他们都承认，任何经营假说都会逐渐退化而跟不上时代趋势。相信正在失效的经营假说，是严重危及组织生存的疾病。他们熟知并且贯彻着外科医生普遍实行的原则，也是有效决策的最古老原则：与时间赛跑。拖延无济于事，当断则断。

第 2 章 | CHAPTER 2

有效的决策㊀

有效率的经理人做出的决策数量不会太多,因为他们只关注于最重要的决策。这些人所致力于做出的重要决策,在概念理解层级上位于最高级别。他们尝试在某些情况下找到影响决策因素的常量,深思熟虑哪些常量是具有战略意义的,哪些是一般性因素,并尽量避免陷入"解决问题"的泥沼中。因此,他们不以决策速度作为评判标准。相反地,在有效率的经理人眼中,那些善于操控一大堆变量的人,思考过程一定很草率。有效率的经理人希望知道为什么做某个决策,以及这个决策能满足什么样的现实目标。他们希望自己所做的决策能发挥实质上的影响力,而非仅造成一些技术面的改变。他们希望做出睿智的决策,而不是他人心目中的聪明决策。

有效率的经理人知道何时应该根据原则做决策,何时则应该比照过去的类似经验办理。他们知道,最不可靠的决策,就是在正确与错误之

㊀ 发表于 1967 年 1~2 月。

间和稀泥，而他们已经学会了分辨两者的方法。他们也知道，整个决策过程中最花时间的不是"做决策"，而是随后促使该决策付诸行动的漫长时间。除非决策能够落实，否则就不能称为决策，最多算是一个良好的意图。这意味着尽管决策本身是基于概念理解的最高层次，但行动计划必须与实际执行人的能力尽可能匹配。有效率的经理人尤其清楚，决策制定是一个系统化的过程，其中包含范围明确的要素。

决策过程中六个环环相扣的步骤

单靠决策过程中的个别要素，还不足以让经理人"做出"决策。事实上，任何决策都是隐含着风险的判断。除非逐一考量过这些要素，否则经理人不可能做出正确的决策，更不用说做出有效的决策。因此，在以下章节中，我将一一介绍决策过程中不能任意变换次序的连续步骤。

（1）对问题进行分类。

它是经常出现的一般性问题，还是特殊的、不会再发生的问题？抑或是一个有待解决的全新课题的首次出现？

（2）准确定义问题。

我们要解决的到底是什么问题？

（3）将解决方案具体化。

解决方案的"边界条件"有哪些？

（4）找到"正确的"而非"可接受的"措施，以符合边界条件的要求。

在有可能被迫妥协、调整及让步，以换取可接受的决策之前，先确认哪一种决策能完全符合边界条件的要求？

（5）将具体行动纳入决策中。

要实现决策目标，必须采取哪些行动？哪些人必须知道这些行动？

（6）执行过程中不断检视决策的正确性和有效性。

决策执行的情形如何？当初据以制定决策的假设正确吗？

下面让我们逐一分析上述各项要素。

对问题进行分类

有效率的决策制定者会问："这是一次普通的偶然事件，还是一种根本性转折的征兆？"一般的偶然事件总可以通过设定规则或原则来解决，但真正特殊的事件则只能具体情况具体分析，个别处理。

严格地说，经理人在工作中遇到的问题应该区分为四类，而非两类。

第一类是真正意义上的一般性问题。平时发生的单个事件，只不过是它的症状或前兆。经理人每天在工作场合中碰到的"问题"，绝大多数均属此类。例如，一家公司在经营中经常遇到确定合适的存货数量的问题，就其性质而言，这类决定不是真正的"决策"。这些决定背后，是公司要根据现实情况不断调适。这是个一般性问题。制造工厂每天处理的事件中，单个事件发生的情况似乎更多一些。例如，

某工厂的产品控制和工程部，每个月都要处理数百个问题。然而经过进一步的分析发现，其中绝大多数问题仅仅是症状或前兆，都源自更深层次的问题。但在工厂某个具体部门负责流程管

制的工程师或生产工程师，往往看不到问题的全貌。每个月里他们总会碰到一些诸如蒸汽管或热水管的接头渗漏等问题，但也就仅此而已。

只有当把几个月里处理过的所有情况进行汇总分析之后，工作中面临的一般性问题才会暴露出来。分析显示，可能是因为现有设备的温度太高或压力太大，导致不同管线间的接头承受不住而出现渗漏，因此有必要设计一种新的接头。如果不是做了这个分析，流程管制工程师恐怕会继续耗费很多时间去处理渗漏问题，但整个情况不会有明显改善。

第二类是虽然在个别机构中看起来具有独特性，但实质上依然是一般性问题。请看以下实例：

某公司希望收购规模较小的另一个公司。如果后者接受收购条件，该公司肯定以后再也不会经历同样的情况了。无论是对被收购公司本身、该公司的董事会，或是对该公司的管理层而言，被其他公司收购都不是会一再重复出现的事件。然而，它仍然是个一般性问题，因为在商场上几乎每天都上演相同的情节。思考该接受或拒绝对方时，经理人应该遵循一些一般性的原则。就这一点来说，经理人最好能参考其他人的经验。

第三类是经理人必须能够分辨出真正的特殊问题。请参考以下实例：

1965年11月发生在北美洲东北部的大停电，使得从圣劳伦斯到华盛顿特区一带陷入一片黑暗。根据官方最早公布的解释，那是绝无仅有的一次意外事件。发生在20世纪60年代初期的萨利多胺畸婴事件㊀也很类似。据说，发生这类事件的概率是千万分之一或亿分之一。连续发生相同事件的概率几乎不存在，就像我坐着的椅子不会在突然间飞散成其组成物的原子一样。

真正特殊的问题是相当罕见的。一旦出现这样的问题，决策者必须追问："它真的是一桩例外事件，还是头一次出现的某种新问题？"如果是后者，亦即某种第一次发生的新一般性问题，这类问题就成了经理人在决策过程中必须处理的第四类问题。因此：

根据最新的发电技术和制药技术，现在我们可以肯定，除非人类能够找到具有普遍意义的解决方案，否则前述北美洲东北部的大停电和萨利多胺畸婴事件，很可能会频繁发生。

除了真正罕见的特殊问题，我们需要为其他所有问题找到一般性的处理方法，比如一项规则、一项政策或一项原则。只要找到了合适的原则和方法，一旦有了正确的处理原则，所有源自相同问题的症状都将得到切合实际的解决方案，也就是说，通过具体情况具体分析调整规则解决问题。而真正独一无二的事件，则必须进行特殊处理。就异常事件而

㊀ thalidomide，一种镇静剂及安眠药，许多怀孕初期的妇女服用此药，后来被发现是造成新生儿严重先天性畸形的原因。——译者注

言，管理者不能也无法设定通用的规则。

有效的决策者需要花时间来思考并判断眼前的事件究竟属于以上分类中的哪一类，因为错误的归类将导致错误的决策。

到目前为止，决策者最常犯的错误就是将一般性问题当作一系列独一无二的孤立事件来处理。也就是说，虽然能够具体情况具体分析，却无法获得对问题共性的认识，无法设定解决相应问题的原则。如此一来，问题的解决自然治标不治本。我认为，肯尼迪政府大部分对内对外政策的失败都源于这一错误。

> 尽管内阁成员不乏精英，但肯尼迪政府执政期间唯一的成功，就是古巴导弹危机的解除。除此之外，可以说这届政府无所作为。主要原因当然是政府内阁成员实行他们所谓的"现实主义"⊖。也就是说，政府根本不愿意建立处理政策的规则与原则，每一次都根据特定事件的"实用价值"进行处理。然而包括内阁成员在内的所有人都很清楚，在20世纪60年代，无论内政还是外交事务，他们制定各项政策所根据的基本假定（也就是第二次世界大战（简称"二战"）后那几年，还跟得上时代要求的假定）已经越来越不符合现实需要了。

经理人常犯的另一个错误是，每次碰到新问题时，都把它们视为老问题的翻版，倾向于用旧原则去处理新问题。

⊖ pragmatism，一种观念是否有价值及是否真实，全视这个观念的实行结果是否有益或有效而定，这种态度叫作现实主义，出现于19世纪后半叶的美国。——译者注

这正是纽约－安大略地区的地方性电力故障，迅速升级并导致美国东北部大停电的原因所在。特别是纽约市的电力工程师仍然采取平常一般性用电量超载时的处理原则。然而他们所使用的检测仪器的数据已经表明，某些极不寻常的故障发生了，需要运用非常规而不是标准的作业规则来处理。

相反地，肯尼迪总统执政以来最引以为豪的一项政绩——当机立断地处理古巴导弹危机事件，完全是因为他视该事件为罕见的特殊事件，并从这个角度去思考该如何应付挑战。一旦将这一事件准确归类，肯尼迪即依靠其情报和勇气，有效地化解了此次危机。

准确定义问题

区别了问题的类型之后（一般性事件或特殊事件），通常就不难厘清"到底是怎么回事""它与什么相关"或"问题的症结在哪里"。然而，只有那些真正有效率的决策者知道，在界定问题的阶段，最危险的不是对问题的定义错误，而是看似合理实际上却不够完整的理解。例如，

美国汽车工业定义汽车安全问题时就似是而非，而且不够全面。正因为从业者对问题缺乏真正的认识（而不是因为他们拒绝在安全工程上投资），终于在1966年引发国会的猛烈抨击。国会议员轮番强烈谴责汽车业毫不重视安全，搞得从业者一头雾水，不知如何应对。

其实，说汽车行业从业者完全不重视安全绝非事实。相反，他们在高速公路工程机械和驾驶员培训方面下了很大的功夫。因为他们确信，发生交通事故的原因在于路况不良和驾驶员的技术。事实上，其他关注交通安全的机构也莫不如此。交通警察和中学教师所呼吁的也无非上述两项。这些努力已经取得了成果。在按照安全标准修建的高速公路上，事故发生率大大下降。同样，安全驾驶的培训也对减少事故起到了显著的作用。

尽管每1000辆汽车或每驾驶1000英里㊀路程的事故比例持续下降，但事故的总量和严重性却持续上升。事情已经很明显，必须在安全守则和安全训练之外再有所突破，以进一步降低伤亡概率，目前的数字虽说已经很小了，但还是令人感到严重的不安。

这意味着，未来的进步将有赖于汽车设计上的改进，减少事故本身的伤害。早先的观念是，只要使用得当，汽车就是安全的。而现在的要求则是，从业者设计出来的汽车不仅应可适用于正常路况及一般车主，车辆的安全性还得通过恶劣路况及不当驾驶的考验。

只有一种方法，可以让你避免对问题定义的不全面：不断地检查**所有**能观察到的事实，一旦发现对问题的定义不能涵盖所有事实，立刻舍弃该定义。

一有征兆显示可能造成异常现象，或出现有违常理的事件时，有效的决策者总是主动进行测试。他们会问："既有的定义能解释我们观察到

㊀ 1英里＝1609.344米。

的事件吗？能解释所有的事件吗？"他们总会一一写下，在既有定义之下，他们预期哪些事情会发生（例如预期交通意外的发生率降为零），并定期测试是否真会出现自己所预期的情况。最后，如果碰到超乎预期或不能解释的异常现象，或是碰到超出常规的状况，就算情节非常轻微，他们也会回过头来再度思考对整个问题的界定。

他们遵循的，其实就是2000多年前希波克拉提斯（Hippocrates）为医生所制定的诊疗原则，也正是最初由亚里士多德建立，后来经伽利略发扬光大的科学观察原则。换句话说，经理人应该虚心接受这些久经时间考验且广为人知的古老原则，并学习将它们系统地应用于管理实践中。

将解决方案具体化

制定决策过程的第三大要素，是要明确决策所要达成的目标。也就是说，决策到底要解决什么问题，希望达成什么目的，最低限度应达到什么样的目标，以及必须满足什么样的条件。在科学研究中，这些就是所谓的"边界条件"。一个能满足边界条件的决策，才能被称为有效的决策。请看下例。

1922年接掌通用汽车公司经营大权时，阿尔弗雷德·斯隆曾这样自问："如果撤销分部主管的自主权，我们能实现公司的目标吗？"他的答案当然是否定的。斯隆所面临的问题，其边界条件要求分部主管必须强而有力，还需承担责任。这与总部对控制和统一的要求同等重要。在斯隆之前，每个人都将问题的症结归咎于人性——必须要通过你死我活的权力斗争来解决。斯隆意识到，上述边界条件要求必须通过组织结构的调整来给出解决方案。具体来说，新的组织结构必须是一个能够平衡地方自主权和中央指挥权的分权式组织。

未能满足边界条件的决策，甚至比错误地定义了问题的决策还要糟糕。一个前提正确但未能得出正确结论的决策，是没有任何方法可以挽回的。另外，经理人无论如何要明确界定决策的边界条件，以便在该放弃决策的时候及时刹车。最常见的决策失败原因，不是经理人一开始做的决策有什么不对，而是他们在中途不停地变换目标（要解决的范围），使得先前的决策变得不合时宜。决策者必须准确地把握边界条件，才能在旧的决策失效时迅速代之以新的和得当的决策。否则，他可能甚至根本意识不到事情已经起了变化。例如，

> 1933年，许多美国人民对罗斯福当选后立刻由保守派转变为激进派非常不满。然而改变的不是罗斯福，问题出在1932年夏季到1933年春季之间的经济崩溃，改变了边界条件。原先制定的全国经济复苏政策，也就是保守的经济政策，由于金融业刚通过实施"银行假日"⊖的新措施而不再适用。罗斯福就不得不同时考虑政治和社会层面的课题。具体来说，当边界条件改变时，罗斯福总统立刻用政治目标（改革）取代了先前的经济目标（复苏）。

决策者必须清晰掌握问题的边界条件，才可能辨别出所有备选决策中最危险的一类，也就是必须满足的边界条件，在现实中是无法同时成立的。换句话说，这样的决策只有在万无一失的情况下才能（也仅仅是可

⊖ Bank Holiday，一年除国定假日外再多放4天假。——译者注

能）行之有效。最典型的例子，就是肯尼迪总统处理猪湾事件时所做的决策。

最明显的边界条件，就是推翻卡斯特罗政府。另一个条件，是让行动看起来是当地人民"自发性"地反抗暴政。然而这两个条件只有在一种情况下才能够兼容，那就是一场席卷古巴的暴动使古巴军队陷入瘫痪之中。虽然这在现实中并非绝无可能发生，但在这样一个政府高度管控的国家是不大可能实现的。

这种类型的决策通常被称为"赌博"。然而实际上，这种决策的产生甚至比赌博还要缺乏理性，也就是寄望于两个或更多明显不兼容的条件能够同时得到满足。这种寄望无异于祈求奇迹的发生。而奇迹的问题不在于它发生的概率有多小，而在于它实在太不可靠了。

每个人都有可能做出错误的决策。事实上，每个人都会犯错。然而经理人必须警惕，避免做出那些看似有道理，但现实环境无法满足边界条件的决策。

做出"正确"而非"可接受"的决策

有效率的经理人应当以"正确的"而非"可接受的"方案作为出发点。因为他们知道，最后一定需要做出某种程度的妥协。但如果决策者不知道什么能够满足边界条件，他们就无法区分正确的妥协和错误的妥协，最后很有可能会选择错误的妥协。例如，

1944年，我在开始承担首个重大顾问任务时，学到了这个教训。这项任务主要是研究通用汽车公司的管理架构和政策。时任通用汽车公司董事长兼总裁的斯隆在任务开始前将我叫到了他的办公室，告诉我说："我不会告诉你具体要研究些什么，报告该包括哪些内容，或者应该得出怎样的结论。这是你的任务。我给你的唯一指示，就是在遇到事情的时候记录你所认为的是非曲直。你不需要担心我们的反应，不用考虑我们喜欢还是讨厌这些报告。最重要的是，不要去考虑为了让你的结论被接受而需要做出的妥协。这家公司没有哪个高管是需要你的帮助来做出妥协和让步的。然而，没有你告诉他们什么才是**正确的**，他们就没有办法做出正确的妥协。"

有效率的经理人知道有两种不一样的妥协。其中之一如同古谚语所说："与其两手空空，还不如只分到半条面包。"另一个是《圣经》中的故事，一位母亲说："与其剖成两半，还不如把小孩让给她。"在第一种情况下，尽管做出了妥协，边界条件仍然得到了满足。面包是供人食用的，半条面包仍然是食物，当然强过一无所有。然而被剖成两半的小孩就不能满足边界条件了，因为半个小孩是无法存活和长大的。

为能否被别人接受或怎样措辞才不至于受到抵制这类问题而煞费苦心的做法无异于浪费时间（你担心的事情很少会发生，而任何人都意料不到的反对和困难却有可能在突然间浮现出来，成为几乎无法逾越的障碍）。换句话说，这会让决策者从一开始就面临一个问题："怎样才能让别人接受？"而在回答这一问题的过程中，他的注意力往往会偏离真正重要的事情，从而彻底丧失了获得一个有效的（更不必说是正确的）答案的可能。

将具体行动纳入决策中

化决策为行动，是决策制定过程的第五大要素。确认边界条件是决策制定过程中最困难的步骤，而将决策转变为有效行动，则是最耗时间的步骤。但除非决策者一开始即缜密地设计，并白纸黑字地详细说明将来应如何执行，否则做出来的决策将很难产生效果。事实上，除非将"按部就班地执行特定行动"变成某个人的任务和职责，否则决策制定的流程便不能算完成。在此之前，一切作为只能算是一个立意良好的意图。

许多机构发表的政策声明（特别是企业组织的政策声明），都犯了一个未包含行动方案（未指定何人负责执行特定任务）的错误。难怪人们多用嘲讽的态度对待它，甚至将它解读为最高领导"不"准备做某件事的声明。

为了化决策为行动，决策者需要明确回答以下几个问题："哪些人必须知道这个决策？""我们应采取什么行动？""谁负责何事？""这些事情要执行到什么程度？""负责的人有能力胜任吗？"第一个和最后一个问题最容易被决策者忽略，而他们的结局通常都很悲惨。以下案例足以说明决策者自问"哪些人必须知道这个决策"对决策能否落实是何等的重要。

几年前,一家工业设备制造商决定停产某款工具机。过去多年来,该款工具机一直是业界的标准设备。由于当时不少工厂仍在使用它,因此该制造商决定给这些用户3年的缓冲期。在这段时间里,该制造商继续销售旧机型给那些已经使用旧机型的用户,3年后再全面停产。在此之前好几年,该款工具机的订单数量一直下滑,然而就从该制造商决定3年后正式停产的那一天起,订单却突然暴增。尽管如此,当决策做出之后,却没有人认真地考虑"哪些人必须知道这个决策"?

在没有人告知的情况下,负责采购旧型工具机零部件的采购人员,仍按当时销售量的固定比例继续购买零部件。这是他唯一知道的工作指示,而且该指示从未改变。

于是,当3年后正式停产该款工具机时,仓库里堆满了足够未来8~10年使用的旧型工具机零部件,该制造商当然因此蒙受重大损失。

与决策有关的行动,和负责执行的人有没有能力执行也很有关系。请看以下的例子:

一家美国大型化工企业近年来发现自己在两个西部非洲国家中存有大笔资金无法汇出。为了保值,管理层决定在当地投资办企业,条件是①有利于当地经济,②不依赖外国进口,③企业经营成功后,可以顺利出售给当地的投资人,因为只要重新允许外汇出国境,公司无意保留这家企业。为此,公司研究出一种简单的化学加工方法，用于热带水果（这两个国家均生产大宗农作物）保鲜，在此之前，出口西方市场的这种水果因腐烂变质而遭受了严重的损失。

新建的企业在两个国家里都取得了成功。不过，在其中一个国家里，总经理在企业的管理中强调高技术水平和熟练的工作技巧，而这类人才在当地并不好找。而在另一个国家里，总经理却充分考虑到西非本地员工的工作能力，因为企业最终是要靠他们来经营的。因此，他努力简化生产和运营流程，从一开始就培训本地员工负责各级管理工作，直至最高层的经理人选也在本地员工中考虑。

几年后，这两个国家开放了对外汇款。然而，尽管生意兴隆，这一业务在第一个国家里却找不到买家。因为没有哪个当地人拥有运作这一业务模式所需的技能，最终只能破产清算并蒙受了损失。而在另一个国家里，愿意将这一业务买下来的当地企业家是如此之多，以至于该企业不但收回了最初的投资，还获得了可观的利润。

基本上，两家公司所使用的化学处理流程和业务本身的规模并没有什么差别。然而在第一个国家里，管理者没有考虑这些问题："要真正落实这个决策，我们需要什么样的人才？他们的能力是怎样的？"也正因为如此，这个决策最终没能得以成功实施。

如果一个决策的执行意味着人们要改变既有的行为、习惯或态度，那么行动方案就格外重要。此时，经理人不仅要明确分派责任给特定员工，还要确定这些员工有能力完成任务。因此决策者必须确保完成任务的衡量指标、标准以及对责任人的激励机制也会随之改变，否则组织中的员工就会陷入因为目标和奖励机制的不一致而产生的情绪张力之中。以下是两个相关案例。

- 60年前，贝尔电话系统公司总裁西奥多·威尔给自己的公司定下了宗旨，公司的业务就是向用户提供服务。今天，美国（还有加拿大）的电话系统之所以还能为投资者拥有而没有变成国有企业，在很大程度上就是得益于这一决策。然而，如果威尔当初没有在推出这一政策声明的同时设计好衡量服务质量的检查标准并以此作为考核和奖励的依据的话，这一政策可能早已夭折。因为当时的公司管理层，都已经习惯了以利润率（或者至少是成本）为其业务单元的考核指标。因此需要执行新的考核体系，让组织新的目标得以迅速被接受。

- 与此形成鲜明对照的，则是一位极有才能的董事长兼总裁最近所遭受的失败。当时他计划为一家历史悠久、备受尊敬的大型公司设立新的公司结构和新的目标。公司需要改变，这是上下一致的看法。这家公司曾在本行业里多年居于领导地位，但如今已明显呈现老化状态。在各个市场中，新企业、小企业和更富于进取精神的企业纷纷后来居上，取而代之。出人意料的是，这位总裁的行为看起来同他的主张背道而驰。为了缓解抵抗的力量，他将一批旧派代表人物提升到最受瞩目和工资最高的职位上，还特意新设立了3个副总裁职位。在公司成员看来，这种做法只能意味着一个信号,即"他并不是真正打算改革"。如果最好的奖励给予的是与新举措要求反其道而行之的行为,那么任何人都会得出结论,那就是被奖励的才是管理层期望以及未来会认可的行为。

只有那些最优秀的经理人才能像威尔一样,把行动方案纳入决策中。但是每一位经理人至少都应该考虑这些问题:决策所要求的行动计划是什么?如何分配工作?谁来担当这些工作?

反馈:不断检视决策的正确性和有效性

这是决策制定流程中的最后一个要素。决策之中必须包含对决策执行情况的监督以及决策执行者的报告,以便持续评估并比对实际状况和预期目标。决策是人做出的,而人都是会犯错误的。一贯正确是不可能的。即使是公认的最佳决策,犯错的可能性也很高。哪怕最有效的决策最终也会失效。

关于这一点,无须举例说明。在制定决策时,每一位经理人都会要求设立有组织的反馈制度(如报告、数据、研究调查等),以监督执行进度乃至于向自己的上级报告。尽管有各式各样的反馈报告,仍然有太多的决策未能达成预期目标,更不用说产生实质效果了。正如我们不能仅靠阅读一张瑞士地图,就想看清楚马特洪峰的模样;同样地,我们也不能仅靠阅读书面报告,就能正确地评估决策的效果,因为书面报告都是高度抽象的。

有效率的决策者深知这一点,因此他们借鉴了军队多年来沿用的方法。想要了解决策执行得如何,指挥官和其副手依靠的不是书面报告,而是亲赴现场观察。这样做不是因为有效率的决策者不信任下属，而是因为他们已从痛苦的经验中学到，不能过度依赖抽象的"沟通"。

随着计算机的出现，这种反馈变得更为重要，因为如今的决策者脱离现场工作的可能大大增加了。除非他们自觉意识到必须走出办公室去观察实际的执行情况，否则他们同现实的距离就会越拉越大。计算机能够处理的无非是一些抽象的东西，如果要做到有效的利用，就只有不断地将其同现实情况进行对照。否则，它们必定会将你引入歧途。

走出办公室去视察工作现场，这是经理检测其假设的最好方法（如果说这不是唯一方法的话）。他可以通过这种方式了解决策所依据的假设是否仍然有效，还是已经过时，需要重新加以考虑。经理时刻都要做好假设过时的思想准备。没有任何现实是静止不动的。

领导者缺乏同一线工作的接触，是导致拘泥于明显过时或不合理政策的典型肇因。企业决策如此，政府决策亦不例外。它在很大程度上可以解释斯大林在欧洲的冷战政策的失败，也可以解释美国为什么在欧洲恢复了繁荣和经济增长后未能面对现实及时修订其政策，同样还可以解释英国为何迟迟不愿接受欧洲共同市场的现实，以至于错失时机。更进一步说，在我所了解的任何一个行业中，脱离现实，不去了解客户和市场，不了解竞争对手及其产品，这是导致错误的、无效的和低劣的决策的主要原因。

决策者需要通过整理好的信息来获得反馈，因此他们需要报告和数据。然而除非管理者获得的这些反馈是立足于对现实的直接接触并能有走出去看看的自律，否则他们将陷入徒劳无功的教条主义之中。

结　　论

决策仅仅是管理者众多任务中的一项，通常只会占用他们很少的时间。然而做出重要的决策，却是管理者**独有的**任务。重大决策的制定非管理者莫属。

因此**有效的**管理者在做出这些重大决策时，会采用系统的程序，其有着界定清晰的要素以及清楚的流程步骤。的确，有效的管理者，其特点就在于承载着期望（因为所处的位置或者所掌握的知识），他们将做出重大决策，对组织及其绩效同时还有最终结果产生积极影响。

CHAPTER 3 | 第 3 章

如何做人事决策[一]

　　管理者花在管理员工和制定人事决策上的时间，比任何其他事情都要多，而且他们本该如此。以决策的重要性来说，没有任何决策比人事决策的影响更深远，一旦决策错误，拨乱反正将难上加难。尽管如此，管理者所做出的晋升和人事决策的结果都令人难以恭维。总体来说，他们的成功记录不超过 1/3：最多有 1/3 的人事决策取得了成功，还有 1/3 差强人意，另外的 1/3 则是彻头彻尾的失败。

　　在管理的任何其他领域，我们的记录都没有如此糟糕。事实上，我们不应该也不能再姑息这样的表现了。人事决策虽然很难做到百分之百的完美，但也必须接近完美——因为这是我们最了解的管理领域。

　　有些领导者的人事决策就近乎完美。珍珠港事件发生时，所有美国陆军将领均已超过退休年龄。当时，接班的年轻将领既没有作战历练，也欠缺指挥大部队的经验。然而美国投入"二战"后，却史无前例

[一] 发表于 1985 年 7～8 月。

地培养出大批表现极为优秀的将领。所有的高级指挥官均由参谋总长乔治·马歇尔上将亲自挑选。当然,他们之中并非个个都是出类拔萃之辈,但也的确没有出过明显失败的案例。

在担任通用汽车公司董事长的40多年时间里,斯隆亲自决定每一个经理人选——上至高级主管,下至制造部门经理、财务经理、工程经理甚至是最小的零部件装配部门的技工领班。以今天的标准来看,斯隆对汽车工业的远景和价值观的眼光可能有些狭隘,事实也的确如此。他唯一关心的只有通用汽车公司的绩效。然而,就选择合适的人并将其安排到合适的位置上而言,他的长期表现可谓无懈可击。

人事决策的基本原则

世上并无绝对可靠的识人之术,至少在这个世界上没有。然而,还是有那么一些管理者郑重其事,并通过钻研精益求精。

基本上,马歇尔和斯隆是两个完全不同类型的人,但他们均严格遵守人事决策的基本原则。

- 如果我选派某人担任某项工作而他却不能胜任,这就是我的过错。我既不能迁怒于他,也不能拿"彼得原理"来为自己开脱,更不能怨天尤人。事实就是我犯了错误。
- "战士应该有获得好的指挥官的权利"这句话早在凯撒大帝时期就成为格言。让下属在岗位上表现优异是管理者的责任。
- 高级主管每天所做的决策中,最重要的莫过于人事决策。因为它将左右组织整体的表现,因此我们必须竭力做好这项工作。
- 唯一的禁忌:切勿指派新人负责无人尝试过的重要项目,这样做意味着风险的复合。这类任务应交给你已经熟知其行为和习惯而且已经用实际工作表现赢得组织信任的人。至于新进的高级主管,则应该安排在早已设立的职位上。这样可以让他的工作目标更为明确,而且必要时可以提供协助。

我曾接触过一些非常失败的案例。两家美国公司(一家位于匹兹堡,另一家位于芝加哥)聘请了两位极为杰出的欧洲当地人士,分别主持新设立的欧洲分公司。舒密特博士和佩林先生(人名为虚构)是被当作天才人物请进公司的,并受到了热烈的欢迎。仅仅过了一年,两个人都被迫离开公司,这两家公司的人事决策彻底失败。

基于过去所受的训练和个性,面对新任务时,舒密特博士习惯用6~9个月的时间来思索、研究、规划和准备,以求所做的决策能一举奏效。可惜匹兹堡总公司没有人知道他的这个习惯。反过来,舒密特博士做梦也没想到,匹兹堡总公司期待的是一个能迅速采取行动,并让总公司马上看到成效的人。另外,芝加哥那家公司也万万没想到,看起来很可靠且意志坚强的佩林,竟然是个冲动善变、脾气暴躁、注重细枝末节而且很喜欢尝试新事物的人。两人稍后均出任其他欧洲大公司的高级主管,而且表现相当不错。尽管如此,在对他们一无所知因而未能加以善用的公司,两个人都以失败告终。

同一时期(20世纪60年代末70年代初)却有两家美国企业成功地在欧洲设立公司并取得成功。在筹备分公司之初,两家公司各派遣一位高级主管前往欧洲。两人都是美国籍，从未在欧洲工作或居住过。但总公司对他们的能力和工作表现都很了解，而他们也十分清楚总公司对他们的期望。与此同时，两家公司都聘用了数位年轻的欧洲人，在美国总部担任中层主管。数年后，两家公司不但巩固了欧洲的事业，同时也培养了一批训练有素、熟悉当地市场并值得信任的高管团队来运营欧洲的业务。

300 多年前，丘吉尔的祖先马尔伯罗大公爵曾说过："联合作战的最大问题是，你对友军指挥官名气的认识甚于对他实际作战表现的了解。尽管如此，你还是得把战争胜利的希望甚至自己的生命托付给他。"

公司就如同军队，上司与下属之间如果没有经过长期的了解，就谈不上真正的信任和有效的沟通。

人事决策的重要步骤

如同决策的基本原则一样，达成有效晋升和人员任命的基本步骤也并不复杂。

认真考虑岗位需要完成的任务

职位说明书的内容一旦确立，可能很长时间都不会变动。例如，在一家大型制造业企业中，自从 30 年前实行分权制以来，各事业部总经理的职位说明书几乎未曾修订过。事实上，自 13 世纪教廷宪法颁布以来，罗马天主教会主教的职位说明书一直维持其原始内容。但上级指派的任务随时都在变动，并且是完全无法预料的。

20 世纪 40 年代初期，有一次我曾向斯隆质疑，为什么要花那么多时间研究一个小小的零部件部门销售主管的工作任务，然后才在3个旗鼓相当的候选人中做出选择。斯隆的回答是："请你看看过去每次我们任命同一职位时所拟定的工作内容吧。"我很惊讶地发现，每次任命对工作任务的规定相差都很大。

"二战"期间，每次任命师级指挥官之前，马歇尔总会反复研究这支部队在未来一年半到二年里的作战任务。组建和训练部队是一种任务，领军作战是另一种任务，接手一支受到重创的部队，并设法重振士气、恢复战斗力，则又是另一回事。

在挑选一位新的地区销售经理时，有经验的主管首先要了解这个职位的主要任务。如果现有销售人员已届退休年龄，那么主要任务可能是招募和训练新人。如果公司在传统市场上表现良好但一直无法打入成长迅速的新市场，那么主要任务是开发新市场。如果公司过去一直依赖已有25年历史的老产品，那么主要任务是打开新产品在市场上的知名度。任务不同，需要的人才也不同。

找到足够的合格人选

此处的关键词是"数量"。公司应明确制定候选人资格的最低标准，低于这个标准的候选人一律不予考虑。同样重要的是，候选人必须具备有效执行特定任务的能力。想要提高人事决策的成功率，主管至少应该考察3~5位合格的候选人。

想清楚如何评估候选人

在对工作任务仔细研究之后，管理者对最重要和最优先的工作内容应该有清晰的把握。在挑选人才的时候，管理者关心的核心问题，不应该是"这些候选人能做什么、不能做什么"，而应该是"这个职位最需要什么样的能力，候选人所具备的才能是不是职位最需要的"。候选人的弱点等同于限制条件，它们决定了哪些候选人将被淘汰出局。例如，某个人具备非常好的技术能力，但如果该职位最重要的任务是要建立团队，而候选人恰恰在这方面比较欠缺，显然他就不是一个合适的人选。

然而，有效率的主管绝不会一开始就睁大眼睛寻找候选人的弱点。避开弱点不能帮助公司提升绩效，充分运用长处才可以。马歇尔和斯隆都是相当挑剔的人，但他们都知道，最重要的是完成任务所必需的能力。只要候选人具备此项能力，其他方面总可以设法弥补。否则，公司给予再多的支持也是徒劳。

举例来说，如果某师当前的任务是提高训练水平，马歇尔就只会从有能力把新兵训练为战士的候选人中进行挑选。善于训练新兵的人，通常也有其他方面的弱点。比如，有的人可能不懂得带兵打仗，更不用说制定战略；有的人可能拙于言辞以致经常得罪新闻媒体；有的人则可能自视甚高、傲慢无礼，而且经常顶撞长官。在马歇尔看来，这些缺点都无关紧要。重点是：他能不能把新兵训练好？如果他具备这种能力，又是这个领域中的佼佼者，那他就是这个职位的不二人选。

在组阁时，罗斯福和杜鲁门曾讲过相同的话："别理会他们的缺点，先告诉我他们能做什么。"两位总统的内阁在美国 20 世纪历史上表现堪称最佳，绝非偶然。

向候选人曾共事过的伙伴征询意见

主管绝不能单凭个人的判断下决定，每个人都可能受到第一印象、个人偏见及好恶的影响，我们应该多听听别人的看法。在军队选择指挥官或教廷任命主教的正式甄选过程中，都有征询各方意见的阶段。有经验的管理者则通过非正式的途径完成类似的工作。德意志银行前总裁埃布尔斯（Hermann Abs）在任内提拔了多位高级主管，后来个个表现杰出，人数之多为近年来仅见。在挑选这群后来成为"二战"后德国"经济奇迹"幕后英雄的高级主管时，埃布尔斯均私下征询三四位和候选人共事过的上司或同僚。

确保所任命的人了解工作的要求

所任命的人选到职三四个月后，就应该专注于现任职位的要求，而不是上一个职位的要求。主管有责任提醒刚担任新职的下属："你接任地区销售经理（或任何其他职位）已满3个月了。你知道该怎么做才能胜任这个职位吗？回去好好考虑一下，一个星期或10天后给我一份书面报告。但我现在就可以告诉你一件事：当初公司肯定你并让你获得晋升的工作习惯和能力，都不再适用于你现在的工作了。"

如果你没有做这项工作，就不要抱怨下属表现不佳，而应该怪你自己。作为经理，你没有尽到帮助的职责。

主管自己未认清也未协助新任命人选认清新职位的要求，是造成组织内不当晋升的最大原因。我从未见过美国企业界中有比这更大的浪费了。几个月前，我过去的一位学生，在电话中几乎带着哭泣声对我诉苦道:"一年前,公司升我为工程部经理,那是我平生第一次可以大显身手的机会。现在公司却宣布解除我的职务。可是我在这个职位上的表现比以往任何时候都好啊。我已经成功地设计出3个新产品,而且即将申请到专利权。"

人们这样想是很自然的:"我一定是在某些方面表现不错,否则公司不会提拔我到这么高的职位。因此我应该延续晋升前的做法,甚至要比以前更努力。"新职位需要的是不同的作为。对大多数人来说,这一点绝非不言自明的。大约50年前,我的上司给了我一次晋升机会,让我承担更多的责任。4个月后,他当面指出我在新职位表现不佳的关键:我仍然在按以前的那套思路工作。感谢我的上司让我明白,新职位需要新的行为、新的工作重点和不同的工作关系。幸运的是,他知道那是他的责任!

高风险的决策

即使遵循了以上各个步骤,还是不能保证人事决定的有效性。某种程度上可以这样说,很多人事决策本身就是一项风险极高而且还无法规避的决策。

例如,在实验室、工程部门或法律部门等专业性组织中挑选管理人员时,就隐藏着极高的风险。专业人才很难接受在专业领域内声望不够的人担任他们的上司。于是,工程部门只好晋升那位表现顶尖的工程师。然而,在工程设计方面表现杰出的工程师,不见得就是一位很称职的经理,这两者之间并无任何相关(如果有也可能是负面的)。同样地,表现优秀的一线主管调升为总公司幕僚或幕僚专家调任一线主管时，情况也是相同的。一名出色的地区销售经理被调升到总公司做市场研究、销售预测或产品定价之类的工作，绩效极可能一落千丈。

我们不知道该如何评估或预测，某个人具备的特质到底适不适合新工作，只有实际做了之后才会知道结果。如果一项新的任命未能产生应有的效果，负责任的主管就应该立即设法补救，更换人员。该主管还要承认："这是我的过错，我有责任改正这个错误。"让下属去做他们不适合的工作不是对他们的仁慈，而是相当于让他们接受酷刑。但也没有理由开除他们，因为公司一定用得着卓越的工程师、优秀的分析师和一流的销售经理。安排他们重返原职或去做和原职类似的工作，才是正确的做法。事实也证明，这样做的确有效。

如果某个职位变成了150年前新英格兰号船长口中的"寡妇制造者"（widow maker），也会导致人事决策的失败。因为谁都无法胜任该工作。一艘快船不论当初设计得多么精良，打造得多么完美，如果遭遇致命"意外"的时候，船主不会考虑重新设计和装修，他们会以最快的速度将其拆毁。

一份经常让优秀人才铩羽而归的差事就是"寡妇制造者"，这种情况多半发生在公司快速成长期或转型期。例如，在20世纪60年代至70年代初期，美国银行中常见的"国际业务副总裁"职位，就是一个"寡妇制造者"。这个职位一向被视为很容易胜任。事实上，长久以来，人们都觉得这份工作哪怕是安排一个资质普通的人来担任，也能够表现良好。可是突然间，这个职位一再让新任者败下阵来。正如后来我们所知道的，这一问题源于国际商务活动已快速而且毫无征兆地成为大银行及其企业客户日常业务的一部分。换句话说，一个原本稀松平常的工作，已经变成无人能胜任的"非正常工作"了。

如果某个工作连续让两位过去表现良好的人败下阵来，就表示公司里已经有"寡妇制造者"了。一旦发生这种现象，公司不应该寄希望于猎头公司推荐旷世奇才，反而应立即撤销这个职位。任何一个经常让能干员工折戟的职位，当初就不该设立。如果不撤销该职位，可预见第三位继任者也将遭遇相同的下场。

做出正确的人事决策，是控制组织正常运作的最佳办法。公司的人事决策反映出管理层的能力、价值观以及是否认真对待身为管理者的职责所在。无论管理者如何想尽办法遮掩（有些人至今还在这样做）其人事决策，都将是徒劳的。人事决策及其对公司的影响是完全透明的。

管理者通常无法判断某项战略行动是否明智，也不见得有兴趣深究。他们通常会说："我不知道公司为何要买下澳大利亚的公司，还好它并不影响我们在渥斯堡的事业。"但是，当同一批人知道乔·史密斯晋升为某事业部门的财务主管时，情形就不同了。他们通常比高层人员还要了解史密斯。如果他们的反应是"史密斯当之无愧，这真是公司明智的选择。该事业部门的业务成长那么快，确实需要像史密斯这样的人来做好管控"，那么这就是一次理想的晋升决策。

如果史密斯的晋升是因为他擅长玩弄政治，公司里的每个人迟早都会知道。他们会对自己说："好吧，这就是公司的升迁之道。"他们将开始瞧不起管理层，并学习逢迎拍马的技巧。适者生存的结果，就是有人被迫离职，剩下来的都是一些善于拍马屁的政客。很早以前我们就已经懂得，组织成员都会模仿那些受到上级奖励的行为。如果那些不在工作上求表现,却善于逢迎拍马或耍小聪明的人,屡屡成为公司的奖励对象,整个组织很快就会朝这个方面堕落。

  与没有把工作做好的经理人比起来,没有用心制定人事决策的主管所冒的风险更大。他们可能让员工丧失对组织的信任和尊敬。

第4章 | CHAPTER 4

小构想，大作用㊀

- 长期规划只适用于大公司吗？
- 长期规划是否意味着对未来做出预测，并且让公司的行为适应所预期的趋势变化？

从许多经理人实际采取的行动来看，他们对上述两个问题的回答都是**肯定**的。可惜，他们错了。正确的答案应该是斩钉截铁的"**不是**"。

未来是无法预知的。唯一能够确定的是，未来不是今天的延续，一定与今天完全不同。然而，未来尚未诞生、形成，更未确定，人类可以通过有目的的行动来塑造未来的世界，而能有效激励人类采取这种行动的就是"构想"。例如，想建立一个不同的经济体制、想发明一种新的技术或是想建立一个新事业以创造出不同市场等。

然而，大多数人用来实现"构想中的未来世界"的事业，刚开始时

㊀ 发表于1964年5～6月。

的规模都很小。所以长期规划不只适用于大型企业，小型企业往往在当下塑造未来的尝试中更容易占得先机。

尽管某些新构想看似潜力无穷，但是单从财务收益角度看来，对大企业既有的营业额而言实在是微不足道，因此很容易就被管理层束之高阁。就算在未来的几年当中这些构想取得成功，甚至带来数百万美元的营业额，这和大企业每年数亿美元的既有事业相比，仍然是小巫见大巫，因此常常被管理层忽略。

然而，要实现新构想，必须投入更多的努力。相比之下，小公司更愿意细心呵护栽培新构想。这也是大企业特别需要开展长期规划工作的主要原因之一，否则它们将原地踏步，完全陷入日常事务中而无法自拔。

构想的创业本质

可以预见，那些善用绝佳构想塑造未来的小公司，很快就不再是"小公司"了。你现在看到的每一家大企业，都曾经是一家基于对未来的构想的小公司。其中不乏近代案例，如 IBM、施乐公司等。

然而，这个"构想"必须具备足够的创业本质（具备创造财富的潜力和能力），并通过持续的商业运作，有效创造出新事业。一个构想是否具备创业本质，在于创业者思考这样的问题："目前的经济体系、市场或现有的知识领域出现了什么重大变化，足以支持我们去做真正**想做**的事，而且能够获得理想的回报？"他们不应该思考类似"未来的社会应该变成什么样子"的问题，这是社会改革家或哲学家的问题，而不是创业家的问题。

创业家关心的领域太过狭窄，所采用的方法也太过自我中心，因此常常被历史学家所忽略。历史学家有意忽略具有创新精神的企业家的影响力。**伟大的**哲学思想当然会对人类造成更加深远的影响。但另一方面，能产生影响力的哲学思想其实也没有多少。尽管单独一个创业构想的影响力很有限，但很多创业构想加在一起，其影响力就相当可观了。因此，一批具有创新构想的企业家集合起来所能发挥的影响力，就不是历史学家所能想象的了。

创业家之所以有生存空间，不是因为他们拥有足以影响整个社会或所有知识层面的"伟大构想"，而是因为他们拥有仅能影响一个非常狭窄领域的"小构想"。对于未来经济或社会趋势的其他演变，这些创业者的看法可能完全错误，但那又有何妨？只要他们能正确掌握住仅和自己的生意有关的狭窄领域就足够了。他们只需要一个能够让新事业成长茁壮的小小范围。的确有少数（事实上是极少数）伟大的哲学观念成为史册中的脚注，而与此同时，大多数当初被认为微不足道的创业构想，最后都荣登股票市场名录。

我们不妨回顾一下历史，看看过去有哪些微不足道的小构想，后来却缔造了令人难以置信的成就。首先我们要看的是创造出全新产业的一些构想，然后再看看那些催生了伟大企业的构想。

商 业 银 行

创业史上影响力最大的一项创新，应当是用100年前法国社会哲学家圣西门所提倡的设立银行理论，转变现实世界中的银行。圣西门从他的同胞 J. B. 赛伊先前提倡的实业家观念中得到灵感,以资本可能扮演的创造性角色为基础,开始发展出一套哲学体系。

通过19世纪中叶圣西门的弟子皮埃尔兄弟在巴黎创办的动产信贷银行(Crédit Mobilier),圣西门的观念得以实现。借着导引社会中流动资本的走向,动产信贷银行本质上就是一个积极创造新产业的公司。该银行立刻成为欧陆"不发达国家"发展银行体系的典范:从"皮埃尔日"开始,先是法国,再后来是荷兰和比利时,稍后在德国、瑞士、奥地利、北欧及意大利,动产信贷银行的模仿者纷纷设立商业银行。这些银行后来都成为欧洲各国发展工业的主要推动力量。

随着美国内战结束,这个构想也跨越大西洋来到了美洲大陆。不论他们是否意识到,从库克(Jay Cooke)创办的为建造横跨东西岸铁路项目融资的美国动产银行(American Crédit Mobilier),到美国的金融业巨子 J. P. 摩根,这些建立美国银行产业的知名银行家,其实全是皮埃尔兄弟的模仿者。甚至日本的财阀,也就是那些帮助日本奠定现代经济基础,使日本成功迈向现代化国家的大企业银行集团,也是仿效皮埃尔兄弟的经营理念。

然而,苏联才是皮埃尔兄弟最忠实的追随者。苏联通过统筹资本分配实现计划经济的构想,直接来自皮埃尔兄弟。苏联实际上做的不过是让国家扮演了产业银行家的角色。其实,苏联借鉴的是一位奥地利人鲁道夫·希法亭(Rudolf Hilferding)的思想。希法亭本来是维也纳的传统银行家,后来却变成德国倡导民主社会主义理论的领导者。他于1910年出版的《金融资本》(*Finance Capital*),受到列宁的高度肯定,从而成为苏联推动计划经济和工业化的理论基础。

今天，不发达国家所设立的形形色色的"开发银行"，仍然是100年前法国那家动产信贷银行的翻版。我想要强调的，不是动产信贷银行对全世界银行业发挥了如此巨大的影响力，而是皮埃尔兄弟当初不过是开创了一个事业、一个想要赚钱的银行而已。

化 工 行 业

无论从哪一方面来看，英格兰都应该是现代化学产业的发源地。19世纪中叶的英格兰不仅纺织工业极为发达，也是使用化学产品的大市场。而且那个时代几位著名的科学界领袖，如法拉第和达尔文等人，都是在英国出生的。

现代化学产业确实起源于一名英国人的重大发现：1856年，柏金（Perkin）发现了苯胺染料（aniline dye）。然而20年后，大约在1875年时，这个新产业的领导权却明显移转至德国。德国商人贡献了英国人所欠缺的创业构想，即"科学探索的结果，可以直接转变为商品"，这里指的是有机化学。

现代批发业

日本三井家族（Mitsui）所经营的商业集团，可能是有史以来最有影响力的私人企业组织。根据美国就业机构的估计，从"二战"后到三井集团解体之前，该集团在全世界总共雇用了100万名员工。17世纪中叶，三井家族的祖先在东京创办了全球第一家百货公司，并以此发迹。

该事业所依据的创业构想是：批发商应该在经济领域中扮演委托人（principal），而非中间人（middleman）的角色。这意味着该公司应该维持商品的固定价格，也意味着它不再是工匠、制造商的经纪人，而是根据自己要求的规格向工匠、制造商定做标准化商品的委托人。长久以来，从事国际贸易的批发商一直都扮演委托人的角色，然而1650年日本政府开始抑制进出口活动，于是三井家族立刻将这个观念应用到国内，从而建立了批发业。

大规模分销

要使一个商业构想取得成功，不一定非要伟大的想象力。有系统地让现有事物运作得更有效，也有可能达成可观的成就。一般而言，经济体系及市场中的新发展，通常都走在配销方法前面。如果有人发明出有创意的配销方法相互搭配，将使得经济或市场的改变更有效率，从而建立真正成长的新事业。

例如，"二战"末期，一位名叫威拉德·加菲尔德·魏斯顿（Willard Garfield Weston）的加拿大人发现，英国的家庭主妇希望买到切成一片一片、包装好的面包，但市面上却没有适当的配销系统。换句话说，她们既买不到这种面包，也不知道去哪里买，几年后，魏斯顿就因为这么一个小小的构想，在大不列颠设立了一家食品配销公司，规模越做越大。

时至今天，由于美国已快速转变为一个以"知识工作者"（拥有高学历的人以提供所学知识，而非体力或劳力换取工作酬劳）为主的经济和社会，因而改变配销方法的机会一定很多。教育体系本身可能就是美国规模最大、成长最快的市场。这个市场不仅指中学和大专院校的数目增多了，同时也包含了产业界、政府机构和军事组织每年举办难以数计的训练课程。

办公用品市场的成长也极为可观。从回形针、办公室必备的各项设备到大型计算机，举凡知识工作者所需的生财工具，都在办公用品市场的范围内。虽然办公用品产业和教育体系已经变成不折不扣的大众市场，但两者至今仍未发展出足以搭配大众市场的配销系统。谁能在这两个市场上开创出有组织的配销系统，谁就有可能成为明日的西尔斯百货。

折扣连锁店

折扣店的兴起，应追溯至20世纪40年代末期，有人采用了一个西尔斯百货早在20年前就发展出来的构想。20世纪30年代，该公司开始在每一类家电产品销售点前摆一个样品，由店员示范操作方法，顾客决定购买某款产品之后直接到仓库取货。此举降低了该楼层店员必须从木箱中取货、拆开包装及运送货品等成本，而所节省的成本竟高达零售价格的两成。这种方法帮助该公司摇身一变成为全美最大的家电产品零售店。西尔斯并未把这种做法当成一项秘密，然而却很少有同业仿效这种成功的做法。"二战"后，芝加哥一家贩卖家电产品的小店，把这个构想应用到其他产品的销售上。时至今天，索波克（Saul Polk）已被公认为有史以来第一家、规模最大也是最赚钱的折扣连锁店。

* * *

小构想经常成为缔造伟大企业的种子，这里就有几个实例。

IBM

创建 IBM 的老沃森（Thomas J. Watson Sr.）并未看见后来商业科技的发展趋势，但是他却掌握了资料处理的构想，并以之为建立新事业的中心观念。创立初期的很长一段时间内，IBM 的规模相当小，而且仅局限于办公室所从事的例行事务性工作方面，如登录会计分类账簿及考勤记录时间等。然而当时机到来，全新的科技出现时，IBM 已经准备好大显身手。源自战争时期的研发成果的新科技使得电脑处理数据成为可能，没想到在商业世界得到了广泛应用。

20 世纪 20 年代，就在沃森通过设计、销售及安装打孔设备经营一个不怎么起眼的小事业时，美国的佩里·布里奇曼（Percy Bridgman）及奥地利的鲁道夫·卡纳普（Rudolph Carnap）等逻辑实证论学者，已经在讨论有关"量化"和"通用计量制"的系统方法论，并撰写了多篇论文。他们当然不太可能听说过 IBM 这家还在商场上奋斗的年轻公司，当然也没有把他们的想法和 IBM 分享。然而，在"二战"期间，当计算机这个新科技兴起时，把新科技转变为实用商品的不是学者的哲学观念，而是沃森所领导的 IBM。

西 尔 斯

理查德·西尔斯（Richard Sears）、朱利叶斯·罗斯沃德（Julius Rosewald）、艾伯特·罗伯（Albert Loeb）和罗伯特·伍德将军（Robert Wood）4 人连手创办了西尔斯百货公司。4 位创始人对社会议题相当关心，也有很活泼的想象力，但没有人想过要重塑经济形态。我怀疑直到1930年之前，他们可能连"大众市场"（不同于传统"阶级市场"的观念）的构想都没有。营业初期，西尔斯的4位创始人只有这样的想法：穷人的钱也跟富人的钱一样具有购买力。

然而，这并不是什么特别不一样的新构想，社会改革者和经济学家散播这个观念已有数十年了。欧洲所推动的合作运动，主要即奠基于这个观念。不过，西尔斯却是美国第一家根据这个构想所建立的事业。具体来说，西尔斯以问自己这样的问题起家："如何才能让农夫变成零售事业的顾客？"答案很简单："他们要确定自己买到的货品与城里人买到的东西一样具有可靠的品质，而价格要更便宜。"在1900年甚至在1920年时，这都是一个相当大胆的想法。

巴　塔

就本质而言，一些创业构想可能仅仅是别国和其他行业中某些做法的简单模仿。例如，"一战"结束后，斯洛伐克籍的鞋匠托马斯·巴塔（Thomas Bata）从美国返回祖国时就带回了这样的想法：凡是居住在捷克斯拉夫和巴尔干半岛各国的人民，都应该像美国人一样个个有鞋子穿。据说，他对人说道："农夫光着脚耕田，不是因为他们买不起鞋子，而是根本没有鞋子可买。"想要让巴塔的梦想成真，一定要设法大量供应设计美观、便宜、耐穿的标准化鞋子，同美国同行所做的一样。

根据这样的观念，在没有资本的情形下，巴塔租了一间简陋的棚屋开始创业。几年后，巴塔建立了纳粹兴起前欧洲地区最大的制鞋事业，也是欧洲最成功的公司之一。然而在20世纪20年代，亨利·福特的装配线生产模式正风靡整个欧洲，把美国那套大量生产方法应用到欧洲的消费性产品上，实在不能算是什么创新的想法。唯一称得上创新的，是想要积极执行这个构想的意愿。

化创意为创业构想

想要让梦想成真，投入努力远比拥有天分更重要。有创造力的人确实会比别人想出更多有创意的点子，然而这些更有创意的点子，却不见得比其他创业构想拥有更多成功的机会。

今天在讨论创新时，人们总是过于凸显和重视"创造力"的话题，然而这并不是问题的关键所在。包括企业组织在内，任何组织通常都拥有多到经理人根本来不及去开发出实用价值的好点子。[1]你不妨问任何一家公司（包括那些看起来已经奄奄一息的公司）："假设我们办得到，就当前的经济、社会或已知的知识领域而言，该怎么做才能让你的事业获得最大转机？"这些高级主管口中可能会有各式各样的答案。基本上，我们并不缺乏"构想"，甚至不缺乏优秀、有商业价值的构想。管理层最欠缺的是**欢迎构想的意愿**；更具体地说，管理者应当主动去追寻构想，而不要把注意力局限在生产流程和产品上。产品或流程，毕竟只是帮助公司把构想化为现实的工具。未来的产品和流程往往超出我们的想象。

以杜邦为例，该公司一开始从事的是化学聚合物的研究，然而最后却发展出尼龙。它当初并不晓得，这种人造纤维竟然成为最终产品。杜邦投入上述研究，乃是根据这样的假设：人类只要能研究出改变有机分子结构的技术（当时这种技术尚处于萌芽阶段），在商业上一定有重要用途。经过六七年的研究之后，终于开花结果，首次出现了具有重要商业用途的人造纤维。

IBM的经验也指出，让某个构想获得成功的特定产品或流程，往往出自一些截然不同、和最初构想毫不相干的研究领域。

无论如何，企业的管理层一定要有强烈的意愿，从整体而非个别角度去思考事情，从经营一个事业的角度、从新构想能做出多少贡献的角度、从新事业如何满足公司要求的角度，以及从新事业能服务多大的市场和经济的角度去思考事情。这就是创业的观点，也是一般生意人都能理解的观点。

此外，经理人还必须敢于投入必要的资源，特别是一流人才，用于塑造未来的世界。用的人不必多，但必须是第一流的，否则将一事无成。

对那些具有创业本质且有潜力塑造未来世界的构想，企业需要以有效性及可行性作为评判标准。事实上，某些组织在推动创新工作上惨遭失败，不是因为它们排斥好的构想，而是因为它们把过多的人力和资金用于一些完全不切实际的构想上。想创造出一个成功的事业，它所依据的构想，必须通过严格的实用性鉴定过程。

首先，它在实际作业上必须可行。我们能根据该构想采取行动吗？或者该构想只是空谈？我们真的能够马上采取行动，让我们所期望的世界实现吗？西尔斯带着创业构想，企图为散居在荒僻农庄的美国农夫创造一个市场，而且它立即见到了成效。反观杜邦投入化学聚合物的研究，规模就小得多了。该公司只能派遣一名第一流的科学研究人员从事该项工作。然而，这两家公司都能马上着手"进行"化构想为实际的过程。

仅编列预算进行研究还不够，这个研究的目的必须是设法实现该构想。公司寻求的知识可能范围不小，如杜邦公司的案例，但它应有合理的目标：至少一旦实验有成，其成果将有可能应用到商业用途上。

另外，新构想必须有经济效用。如果它能立刻转变为商业用途，即可创造出经济利润。就长期而言，企业未必能够从事**所有**期望的业务，严格来说，可能企业永远也不能从事所有的业务。但是，如果能马上采取行动，我们所创造出来的产品、流程或服务，就能找到需要它的顾客、市场或最终用途，从而为公司创造利润。简而言之，新构想必须能满足特定的需求。

最后，该构想必须通过个人的投入意愿这一关。我们真的相信这个构想吗？我们真的希望成为那样的人、做那样的工作、经营那样的事业吗？

塑造一个和现在不同的未来世界需要极大的勇气，也需要全心全力地付出个人努力，更需要极大的信心。偶遇困难就采取权宜之计是不切实际的，这么做也是不可能通过未来更困难的考验的。没有任何构想能保证一定成功，事实上也不该如此。

关于未来的构想当中，有一种是**必定**要失败的，就是那些看上去万无一失、没有风险而且人们不相信它会失败的构想。用来建立明日事业的构想**必须**是不确定的，或至少此刻没有人敢说，一旦该构想成真，它会是什么样子。新构想**必须**是有风险的：它有可能成功，也有可能失败。如果它既不含不确定因素，也不含任何风险，那根本就不应该将它视为一个塑造未来世界的构想。

结　　论

不是每个公司都有绝对的必要，寻求能创造未来世界的构想并立即展开行动。相反，很多管理层甚至都没能让企业现有的业务运营得更有效率，以及让组织存活得更长久一些。特别是一些大企业，由于前任领导者具有远大的理想，而且花了很大的勇气及努力打好基础，足够让继任者慢慢地挥霍很长一段时间。

尽管如此，未来世界（极可能是个完全不一样的世界），迟早还是会到来的。如果不预先准备，就算是最强大的企业，将来也难免陷入困境。它们将失去让它们从众多竞争者中脱颖而出的特色乃至于现有的市场领导地位。我们将看到这类大企业一个接着一个陨落。它们既控制不了这个节节败退的趋势，甚至也弄不明白正在发生的一切。

不敢冒风险创造未来世界的管理者，其实冒着更大的风险：对即将发生的事情毫无准备。规模再大、资金再雄厚的企业都承担不起这种风险，而即使是最小的公司也完全可以不冒这种风险。

CHAPTER 5 | 第 5 章

创新的原则㊀

最近，人们热衷于讨论所谓的"企业家人格"，然而在我近30年的职业生涯里所接触的企业家中几乎没有什么人是具备这些人格特征的。相反，我认识许多人（推销员、牙科医生、记者、学者甚至音乐家）确实具备这些个性特征，但他们却同"企业家"毫不沾边。以我所了解的企业家而论，他们的共同点并不是某种个性特征，而是对系统化创新活动的全心投入。

创新是企业家精神的独特标志，不论是在现有的企业、公共机构还是个人在自家厨房开始的新公司里都可以见到。它是企业家创造新财富的源泉，也是企业家发挥现有资源潜力创造财富的不二法门。

今天，在如何定义企业家精神的问题上存在着种种疑惑。有些人用这个词泛指所有的小企业主，另一些人则将其用在新企业身上。事实上，许多历史悠久的企业仍然保有高度成功的企业家精神。这一概念的本质

㊀ 发表于 1985 年 5~6 月。

不在于企业的规模和历史，而在于是否开展一种特定的活动。这种活动的中心内容即是创新：发挥企业的经济或社会性潜力，创造目标明确的变化的努力。

创新机会的七大来源

创新当然有可能是来自天才的灵光乍现。但是，大多数革新特别是那些成功的革新，却来自对革新机会的有意识和有目的的追寻，这种机会往往很少。

在企业或产业**内**存在着四种可能的机会。

- 意料之外的事件。
- 无法协调的矛盾。
- 流程中的难点。
- 产业和市场的变迁。

在公司**之外**的社会和组织环境中还存在着另外三种可能的机会。

- 人口变迁。
- 观念的变化。
- 新知识。

当然，这些机会相互重叠，在风险、困难和复杂性方面也各不相同，而革新的希望也许同时出现在多个领域中。尽管如此，它们在总体上还是包容了所有创新机会的绝大多数。

意料之外的事件

先来看看最简单和最容易获得的创新机会来源：意外事件。在 20 世纪 30 年代早期，IBM 开发了第一架现代会计统计计算机。这种机器是为银行设计的，但在 1933 年，银行是不会购买新设备的。公司创始人兼总裁老沃森常常说，在当时使该公司能够幸免于破产的是一次意外的成功：当时纽约公共图书馆正打算购买一台计算机。与银行不同，在罗斯福政府推行新政初期，图书馆可是个有钱的单位。沃森一共向图书馆售出超过 100 台计算机，而这些不合时宜的产品本可能连 1 台也卖不出去。

15 年后，当人人都以为计算机的设计用途是高级的科学研究时，商业企业却出人意料地表现出对可以处理工资表数据的计算机产品的兴趣，Univac 公司当时有能力开发最高级的计算机设备，但它对计算机的商业应用却极其不屑。IBM 却立刻意识到一个前所未有的成功机会，它对 Univac 的样机进行了一番重新设计，开发出工资表统计等商业性用途。不到 5 年时间，IBM 就成了计算机产业中的领导者，并且将这一地位保持至今。

意料之外的失败也可能是重要的创新机会。人人都知道，福特汽车公司的埃德塞（Edsel）车型是汽车工业史上的一次大失败。但恐怕很少有人知道，埃德塞的失败为此后公司一系列的成功奠定了基础。埃德塞是到那时为止美国汽车工业史上设计最为细致的车型，它的目的是为福特公司装备全品种的生产线以同通用汽车公司竞争。在竭尽全力完成了规划、市场研究和产品设计之后，这一车型还是遭到失败的命运。然而福特公司却由此悟出，汽车市场已经出现了一种变化的趋势，它同包括通用汽车公司在内的所有汽车厂家在设计和营销车型时的基本假设格格不入。突然之间，市场细分的基本指标不再是收入群体，而是今天所说的"生活类型"，福特立刻做出了反应，其结果就是野马和雷鸟——这两款车型赋予公司一种独特的个性，并重新确立了福特公司在汽车行业中的领导地位。

意料之外的成功和失败为创新带来了源源不绝的机会，但大多数企业不是等闲视之，就是忽略它甚至怀着憎恨的心情看待它。1906 年左右，一位德国科学家合成了盐酸普鲁卡因，这是人类历史上第一种不会令人成瘾的麻醉药，他本来的想法是将其用于大型的外科手术（如截肢手术）的麻醉。但是，在这种手术中医生更喜欢用的是全身麻醉术，今天也仍然如此。相反，牙医倒是为盐酸普鲁卡因准备了现成的用途。它的发明人将自己的余生用于从一家牙科学校到另一家牙科学校的旅行演说，禁止牙医将他高贵的发明"错误应用"在他本人不喜欢的治疗过程中。

这当然是过于夸张的讽刺，但也生动地刻画了某些经理在面对意外事件时的态度："不应该是这样的。"公司里的报告制度进一步强化了这种反应，因为它们把人们的注意力从未预料到的可能性上转移开来。典型的月报或季度报告在首页会附有一列问题，表明在这些领域中发生了预料之外的情况。这种信息当然是必要的，它有助于防止经营活动质量上的下降。

但它同时也压制了对新机会的敏锐感。对于可能机会的第一次注意通常是由于某一业务方向的业绩好于预期。因此，真正的企业家会考虑两份"首页"——一份记载问题，另一份记载机会，而经理则会在两份文件上花费同样多的时间。

无法协调的矛盾

20世纪60年代，Alcon Industries是最成功的企业之一，它的成功源于其创始人比尔·康纳（Bill Conno）在医学技术的不协调领域中所取得的成就。白内障手术的普及程度在外科手术中名列第三位或第四位。在过去的300年里，医生对手术进行了系统化的改进，只有韧带切除还保留了"老样子"。眼科医生知道怎样成功地切除韧带，但由于这一操作同手术过程中的其他环节差别很大，故而在连接上极不相配，令他们头痛不已。这就是其中无法协调的矛盾。

50年前，医生就已经知道有一种酶可以溶解韧带而使其无须切除。康纳所做的只是向这种酶里添加保护剂，使其活性期限延长几个月。眼科医生立刻接受了新的产品，Alcon公司在这一方面取得了世界性的垄断地位。15年后，雀巢公司以惊人的价格收购了该公司。

在工作程序上出现此类逻辑或节奏上的不一致只是蕴涵创新机遇的诸多可能性之一。另一种不协调表现为经济现实中的对立。例如，某一产业的市场需求稳定增长，但利润额却持续下降——20世纪50~70年代发达国家的钢铁工业即是如此，这中间发生了一种不协调。创新的反应应该是：开设利用本地废钢铁资源的小型钢铁厂。

在预期和结果之间出现的不协调也蕴藏着创新的机会。自20世纪开始之后的50年时间里，造船厂和船务公司一直在努力制造速度快、油耗低的船舶。尽管如此，整个行业仍然处于每况愈下的境地。速度越来越快，油耗越来越低，但远洋运输的经营状况却越来越糟。到了1950年左右，远洋业务已经变得毫无生气（如果说还不到彻底破产程度的话）。

然而，这一切其实都只是一个错误的表象，其根源则是整个产业的基本假设与经济现实的脱节。真正的成本并非发生在船舶的运转（即航海过程，这可以通过前述的技术改进得到解决），而在于船舶的停运（即延滞在港口所形成的费用）。一旦经理弄清真正的成本负担来自何处，创新的办法立刻就出现了。滚装装卸㊀和集装箱货轮，这些解决方案并不需要技术上的突破作为其前提条件，只不过是将 30 年前铁路和公路货运的手段应用到航海上。观念，而不是技术上的突破，彻底改善了远洋运输的经济效益，使它成为此后二三十年里一个主要的增长性产业。

流程中的难点

在日本有过驾驶经验的人都知道，这个国家里没有现代化的高速公路系统。它的公路仍然沿着 10 世纪时牛车所行进的路线。汽车和卡车能够在这样的公路上行驶得益于一种反光镜设备，就是自 20 世纪 30 年代早期以来美国高速公路一直沿用的那种，它可以向每辆汽车显示 6 个方向正在驶近的车辆。这个不起眼的发明保障了汽车的顺利运行，将事故率降到了最低，从而解决了流程中的难点。

1909 年左右，AT&T 的一位统计学家得出了两条 15 年期的预测曲线：电话线路繁忙情况和美国的人口趋势。将两者综合起来，其结论是，到 1920 年左右，每一位美国女性都要充任接线员，这样才能满足其需要。流程中的难点出现了，不到两年时间，AT&T 就开发并装设了第一套全自动电话交换机。

㊀ 简称 RO/RO，为货柜船装卸方法的一种。当货柜装船时，利用拖车自船尾的舱门，经过跳板直接由码头搬进所定位置；卸货时，亦以同样方式将货柜卸在岸上，以此方式装卸货柜称为驶进驶出装运（roll on-roll off shipment）。——译者注

今天我们所谓的"媒体"产业，也是源自1890年左右两项围绕流程中的难点所引发的创新活动。其一是默根特勒（Mergenthaler）所发明的Linotype牌铸排机，为大批量和迅速印刷报纸创造了条件。其二是一项社会化创新，现代广告业在第一代真正的报纸发行人手中发明出来。其主导人物有《纽约时报》的阿道夫·奥克斯（Adolph Ochs），《纽约世界报》的J.普利策和威廉·兰道夫·赫斯特。有了广告收入，报纸几乎不用收费即可大量发行，供广大读者阅读。

产业与市场变迁

经理也许会认为产业结构是由上帝安排的。但产业结构却可能（并且常常如此）在一夜之间发生变化，这类变化为创新提供了丰富的机会。

帝杰证券（Donaldson, Lufkin & Jenrette, DL&J）公司近几年来是最成功的企业之一，它刚刚被平等寿险公司收购。DL&J是在1961年由三位哈佛商学院的毕业生创办的，他们发现，随着机构投资人掌握了支配性地位，金融产业的结构正在发生变化。这些年轻人实际上既没有资本也没有关系。但是，不出几年，他们就成了协议佣金业务中的领导者，华尔街上的明星企业。这也是第一家股份化和上市的经纪行。

与此相似，产业结构的变迁为美国医疗保健机构提供了巨大的创新机会。在最近10～15年里，独立的外科和临床心理诊所、急救中心和健康维护组织⊖（Health Maintenance Organization, HMO），在美国获得了

⊖ 一种在有限的金额、地理或职业范围内提供服务的治疗机构，由保险公司从保险金中出资设立，旨在向自愿登记者及其家庭提供治疗和预防服务，其成员包括医生和其他专业人士。——译者注

迅速的发展。随着产业的剧烈变化，类似的机会也出现在电子通信领域，包括生产私人电话交换机的 ROLM 等公司所在的通信设备领域，以及 MCI 及斯普林特（Sprint）等业者所在的电信传输领域。

当某个产业快速成长时——关键指标大约是连续 10 年保持 40% 左右的增长速度，其结构也会随之而变。然而历史悠久的产业领袖，一向专注于固守现有领域的成功果实，往往不会对新进入者发起的挑战进行反击。事实上，当市场或产业结构发生变化时，传统行业的领导企业总是一再忽视正快速成长的细分市场。新的机会很少符合行业传统对市场的定义、提供服务的方法，因此创新者在很长一段时间里都不会为行业领头羊所关注。

人口结构发生变化

外在创新机会的几个来源中，人口结构是最可靠的一种。众所周知，人口结构的发展在时间上是领先的。然而负责制定公共政策的政府官员，经常忽略人口结构的发展趋势，反而是细心观察这类趋势乃至于懂得善加利用的人，往往能获取丰厚的报酬。

日本在工业机器人的发展方面领先全球各国，正是因为该国留意到人口结构的变动趋势。1970 年左右，所有发达国家都知道全世界普遍流行的两种现象：一种是生育率降低，另一种是教育爆炸。就后者来说，当时所有的高中毕业生中超过一半选择继续深造。照此趋势发展下去，传统制造业中可雇用的蓝领阶级劳工人数将越来越少，到了 1990 年时就会出现劳工短缺的情形。每个人都知道这是必然的结果，但只有日本人采取了应对措施，使得该国在工业机器人方面拥有领先其他国家 10

年的优势。

地中海俱乐部（Club Mediterranee）之所以能够在观光旅游业大发利市，也是因为该公司很早就掌握了人口的发展趋势。1970 年左右，有识之士应可看出，欧美国家正出现一批人数可观的新兴族群：年轻、富裕、受过高等教育。在孩提时代，这批人的蓝领阶级父母常在放假时赴布莱顿的海滩嬉戏或到大西洋城等地度假。然而，这种度假方式对他们并没有吸引力，最让他们怀念的反而是青少年时期在外游荡的种种经历。因此，这批人就成为旅行社规划异国情调冒险之旅的最佳顾客。

企业经理人当然了解人口结构变化对公司营运的重要性，同时他们也认为人口结构变动的脚步相当缓慢，但 20 世纪的经理人却不应存有这样的想法。事实上，从人口数量的增长、年龄的分布、教育普及程度、就业情形乃至于地理位置变动等因素衍生出来的创新机会，已经成为回报最高、风险最低，而且最受创业者青睐的创业途径。

观念的变化

"杯子已经半满"和"杯子仍然半空"是对同一现象的描述，但其中却包含了极大的差异。将经理对杯子的看法由半满转变为半空意味着巨大的创新机会。

所有证据都可以证明，在近 20 年的时间里，美国人的健康以前所未有的速度获得改善——不论是初生儿的存活率，还是老年人的死亡率、癌症的发病率（肺癌除外）、癌症治愈率或其他数据都可以验证这一结论。尽管如此，整个国家还是染上了集体疑病症。美国人对健康问题表现出从未有过的关心和担忧。突然间，任何东西似乎都成了致癌物，或者对心脏病患者有害，或者将导致提前失去记忆等。显然杯子是半空的。

美国人并未沉浸在健康指数大幅提升的喜悦中。相反地，美国人所表现出来的态度，似乎反映了一种想法：他们离长生不老的境界还差得远呢！这种想法为有心人提供了无数发挥创新构想的机会。举例来说：市面上不断出现新创刊的健康杂志，很多标榜有益身体健康的健康食品纷纷上市，陆续有业者开设健身房，并出售各种可供人们在自家慢跑或锻炼身体的运动器材等。1983 年，美国成长最快的新兴事业，是生产室内运动器材的公司。

人们对某个事实的认知有所改变，并不代表会立刻改变那个事实，但会渐渐改变该事实所隐含的意义（而且速度很快）。以计算机为例，过去人们认为计算机是一大威胁，只有大企业才用得着。然而短短不到两年的时间，计算机已经变成人们愿意花钱买来计算所得税的一种东西。用经济学的观念来描述这种现象并不合适，甚至扯不上什么关联。一个人看到的是一杯半满的水，抑或是一杯半空的水，与其说这是由事实来决定的，还不如说是由这个人的思想倾向来决定的。思想倾向改变之后，人们通常会向所看到的事实挑战。然而，我们不能因此断定改变后的思想倾向就是异常的或是不可捉摸的。事实上，它是具体的、是可以明确界定范围的。换句话说，它是可供人们开发创新机会的园地。

新知识

在那些创造历史的重大创新中，无论从科学、技术或是社会层面，以新知识为创新基础的人，常得到极高的推崇。在大多数人的心目中，他们是实践创业精神的超级明星；他们不仅成为家喻户晓的知名人物，更为自己累积了巨额财富。每当有人提及创新这个话题时，他们一定是被谈论的主角。然而，并非所有以新知识为基础的创新都很重要，事实上，其中某些创新根本微不足道。

和其他类型的创新相比，无论从所花的时间、偶发的概率、可预测性，乃至于创业者所面临的挑战来看，以新知识为基础的创新都有明显不同。和大多数在历史上留名的重大创新成就一样，在孕育过程中，这类创新多半起伏不定、变幻莫测，而且难以捉摸。例如，和所有其他类型的创新相比，这类创新需要最长的前置时间，也就是说，明明新知识已经诞生了，可是要让它变成实用的科技，往往还要拖很长一段时间。再者，从新科技变成商品化的产品、制程或服务，也还有得等呢！整体而言，以新知识为基础的创新，前置时间大约在50年。自人类有历史以来，这个流程还没有缩短到让人觉得可以接受的地步。

为了产生有效的成果，此类创新往往需要多种知识的复合，而不仅仅是一种知识的进步。例如，现代银行业突出地表现了以知识为基础的创新潜力。企业家银行的理论，即通过资本的精心调度推动经济发展是由克劳德·亨利（Claude Henri）和圣西门在拿破仑时代构建的。虽说圣西门本人在生前即享有盛誉，但他的理论却要等到他死后30年才由雅可布和皮埃尔兄弟加以实践，他们创办了第一家企业家银行——动产信贷银行，开创了今天所谓"金融资本主义"的先河。

遗憾的是，皮埃尔兄弟不了解现代商业银行的运作方式（当时，这类银行正在海峡对岸的英国蓬勃发展），动产信贷银行以失败而告终。10年后，两个年轻人——美国的J. P. 摩根和德国的乔治·西门子将法国企业家银行的理论同英国商业银行的理论结合起来，创造了第一批成功的现代银行，即美国的摩根集团和德国的德意志银行。又过了10年，年轻的日本人涩泽荣一，将西门子的观念引入自己的国家，由此奠定了日本现代经济的基础。以知识为基础的创新总会经历这样一个过程。

再举一个例子，计算机产业的发展有赖于至少以下6个知识领域的结合。

二进制数学；巴贝奇在19世纪上半叶提出的计算机器的概念；1890年由赫尔曼·霍利里恩为美国人口普查工作所发明的穿孔卡；1906年发明的三极管；1910～1913年由罗素和怀特海德创建的符号逻辑学；还有程序和反馈的概念，这是"一战"期间防空武器研制项目失败后的副产品。所有必要的知识早在1918年就已经全部齐备了，而第一代能够运行的计算机却迟至1946年才生产出来。

漫长的前置时间以及需要融合不同类型的知识，解释了基于知识的创新的特色：独特的结构、无限的吸引力以及相对的高风险。在漫长的酝酿期间，各种想法不断出现，但行动却很少。接着，突然之间，所有要素凑到一起，人们心中充满了兴奋之情，全部行动起来了，投机之风大盛。例如，1880～1890年，在发达国家中先后兴建了1000家电子设备公司。此后，像往常一样，大淘汰开始了。到1914年为止，上述公司中只剩下25家还在营业。在20世纪20年代早期，美国国内开办了300～500家汽车公司，到1960年时只剩下4家。

尽管十分困难，但以知识为基础的创新毕竟还是可以管理的。成功的管理要求经理对推动创新所必需的各类知识进行仔细的分析。J. P. 摩根和乔治·西门子在建立企业家银行时办到了这一点。莱特兄弟在研制第一架飞机时也不例外。

对目标用户的需求，特别是对潜在使用者的能力进行细致的分析同样非常重要。听上去可能有点儿矛盾，但以知识为基础的创新比其他任何类型的创新都更为依赖市场。

De Havilland 是一家英国公司，它首次制造成功了民用喷气客机。然而，它未能对市场需求做出分析，也没有注意到其中最关键的两项因素。其中之一是配置，航空公司如何通过为航线选择合适体积和载重的喷气式飞机从而获得最大的优势。另外一个因素是航空公司要怎样融资以购买如此昂贵的飞机。由于 De Havilland 公司没有对用户的需求和能力进行足够的分析，两家美国公司波音和麦道得以借机夺取了商业喷气式飞机工业的领导权。

掌握创新的简单原则

有目的、有系统的创新活动，始于人们对新机会来源的分析。由于环境背景的不同，在不同时期，新机会来源的重要性也不相同。例如，炼钢等最基础的工业制程，就很难从人口结构的变化发掘出新的机会（默根特勒发明的排铸机是一个例外，这个新产品能够成功，主要是因为当时没有够多的熟练排字工人来满足市场需要）。同样的道理，依赖新知识的创新活动，和某人发明了一个可以应付人口结构改变需求的社会服务机制或政府通过一项新税法等，并没有直接关联。但是不论哪种情况，创新者都不能放过任何一种可能的机会。

由于创新既与观念有关，和人们的认知也有密切关系，因此有心创新的人应该出外多看、多问、多听。成功的创新者都懂得均衡使用自己的左脑和右脑；他们关心数据，也观察人的反应。他们用科学方法研究应如何满足他们发现的新机会，然后出外接触潜在使用者，以深入了解对方的期望、所重视的价值以及有待满足的需求。

为了达到效果，创新必须是简单并且重点明确的。它应该只有一个重点，否则人们会产生困惑。事实上，对一项创新的最高赞语应该是："原来是这样！我怎么就没有想到？这太简单了！"即使是创造了新用户、新市场的创新，也应该被引导往具体、清晰且精心设计的应用方向发展。

有效的创新一开始规模都很小，不会给人伟大的感觉。创新者只想达成一个具体的目标。它可能是企图以电作为火车奔跑的动力，电车就是这样被发明出来的。创新也可能只是为了保证每次装进火柴盒里的火柴数量相等（一般为50支）。实现火柴的自动装填，这样一个简单的念头让瑞典在长达半个多世纪的时间里取得了世界范围内的一项垄断权。相反，那些立志要"在产业内掀起一场革命"的庞大计划反倒很难实现。

事实上，谁也不知道一项革新是否会创造出一家大企业还是只能取得普通的成就。即使结果非常普通，但成功的创新从一开始就致力于成为产业标准的设计者，决定新技术或新产业的发展方向，创立一家领先于同行并保持这一地位的企业。如果一项创新活动不是从一开始就致力于改变既定的一些规则，就不能算是非常有创新性的。

重要的是，与其说创新需要天分，不如说创新是一种工作。创新需要知识，通常也需要天分，更需要专注。的确，许多创新者都比一般人更有天分，但这些创新者的天分仅局限于特定领域，极少创新者具备多个领域的天分。尽管爱迪生是众所周知的发明家，他的发明却局限于电气领域。又如金融业的佼佼者花旗银行，到了医疗服务领域，也不太可能有什么了不起的创新。

创新活动和其他工作一样，需要才能、头脑和丰富的知识。但如果上述条件都已经具备，那么剩下的就要靠目的明确的艰苦工作了。如果没有勤奋、毅力和献身精神，那么才能、头脑和知识都将于事无补。

当然，企业家精神的概念比系统创新要宽泛得多：独特的企业战略和企业管理的原则对于老企业、政府机构和新公司都是同样重要的。但是，企业家精神的真正基础（无论在实践中还是在理论上）却是系统创新的实践。

第6章 | CHAPTER 6
企业经营绩效的管理^㊀

企业经理人的首要职责（以及他们往后仍应持续承担的责任）是什么？答案是："运用现有的或能够使用的资源，创造最佳的经济成果。"除此之外，无论是经理自己想做的或要求经理去做的，都要以未来几年内稳健出色的经济表现和利润成就为基础。即使是像评估公司的社会责任和文化使命这样的高尚任务也不例外。同样可以肯定的是，就总体而言，经理人**个人获得的奖励**，包括金钱和职位，也都必须取决于经济绩效和盈利结果。

因此，管理者把大多数甚至全部的时间，用于处理与短期经营绩效有关的问题。他们满脑子都是成本、定价、送货时程、销售、质量管理、顾客服务、采购及员工训练等事情。尤其是，这个社会充斥着各式各样的工具与技术，教导现代经理人如何运作**今天**的事业，追求今天及明天的经营绩效。任何一所图书馆的企业管理类书架上，90% 的书都在谈这

㊀ 发表于 1963 年 5～6 月。

个课题；保守估计，企业组织内的各种书面报告和研究主题，90%亦不脱离这个范围。

摒弃陈词滥调

尽管大家把这么多的注意力放在这上面，但是据我所知，很少有经理人真的能做出让自己感到自豪的工作绩效。经理很想知道该怎样安排任务：怎样区别重要的和无关紧要的事项；哪些具有潜在的效果值得一试，哪些仅仅是打岔，只会分散你的注意力。潮水般的数据和报告几乎将经理淹没，但他们能够从中得到的只不过是最模糊的概括信息。对于像"企业经济表现和业绩的决定因素**究竟**是什么"这样的问题，他们的答案还停留在"降低成本"或"提高销售利润率"等陈词滥调上。

甚至在卖方市场蓬勃发展的时期，如何管理绩效仍然是令经理人头疼的问题。等到市场回复正常的竞争时，获得经济绩效更令经理人感到困惑、压力及焦虑，导致他们很难做出正确的决策。多数时候，经理人连短期决策都会出错，更不用说做出能够让组织正确迈向未来的决策了。[1]

经理人需要的不是更多或更好的工具。其实，任何单一的企业组织能够采用的管理工具已经太多了。经理人真正需要的是一些简单的观念，一些再自然不过的经验法则。这些观念或法则，有助于经理人借着回答下列问题，有效地执行其既定工作。

- 经理人的工作到底是什么？
- 经理人在执行这些工作时，最主要的问题是什么？
- 经理人应根据什么原则来界定这些问题乃至于进一步分析它们？

资源运用的重心偏差

我不想为经理人提供一套完整的"管理经济学理论",其实我也提不出这种东西。我更无意拿出一个具有神奇功效的公式"检查表"或一套能帮助经理人执行日常任务的"流程"。我不会这样做,是因为经理人的职务是一项既辛苦、要求标准又高的工作,而且带有不小的风险。尽管人类不断发明出各式各样能够节省人力的工具或机器,却没有人发明出能够帮助经理人"节省工作",更不用说能"节省思考"的工具。

但我要声明,我们的确知道如何应付管理绩效的工作,包括找出正确的方向以及做出好成绩。其实人们已经知道,而且很早就知道上述3个关键问题的答案。当你们看到下面的文字叙述时,一定不会惊讶。

(1)经理人的工作是什么?

经理人的工作是导引一个企业的资源及所投入的努力,以追求那些能够为组织创造杰出经营成效的机会。乍看之下似乎平淡无奇,而且的确如此。然而,我所看见或我的每一项针对"企业组织如何实际分配资源与努力"的分析,都明白指出,**经理人把绝大多数的时间、工作、注意力及资源,投入到处理"问题"上面,而不是去追求前述的机会**;其次,他们经常花时间去做一些表面上成绩极为亮丽,但是对提高绩效没有实质帮助的事情。

(2)经理人面临的主要问题是什么?

主要问题是分不清效果与效率,也就是分不清"做正确的事"与"把事情做对"之间的差异。**再也没有比"把根本不该做的事做得极有效率"更没意义的事情了**。然而可供我们使用的各种工具,特别是会计观念和资料，全部都强调效率。我们需要的是，找到一个能帮助我们确认效果领域（可能创造出显著绩效）的方法以及找到一个能让我们专注于该领域的方法。

（3）经营应遵循的原则是什么？

这个问题的答案亦广为人知，或被当成一项通则。企业组织不是大自然的一种现象，而是社会演进的结果。既然是一种社会情境，企业事件的分配，就不会出现像自然界发生的"正态分布"情形。也就是说，企业事件不像高斯曲线（Gaussian curve）所呈现的那种 U 形曲线发展。**在一个社会情境中，往往由很小部分的事件（通常为 10%，顶多 20%）包办 90% 的结果，其余大多数的事件仅能创造出 10% 或更少的结果。**

市场上的真实情形就是这样。尽管一家公司拥有数千名顾客，但大多数订单均来自极少数大客户；尽管该公司生产很多种产品，但销量大的也只是其中少数几种。市场、最终使用者乃至于销售通路也不例外。甚至销售工作的情况也一样，在几百名业务代表中，总是由少数几位推销高手包办了 2/3 或更多的新业务开拓成绩。制造工厂同样如此，少数几个产品占了总产量的绝大部分。研究单位也是如此，任何一个研究室里，所有重要的创新成就，都是由极少数明星级研究人员缔造的。

所有的人事"问题"，也符合这个原则。绝大部分的投诉、缺勤、流失率、员工意见体系下收到的意见以及工伤意外，总是来自少数几个地方，或者来自一群特定的员工（比如来自年长的未婚女性，或者值夜班的清洁男工）。正如纽约电话公司的研究结果所显示的，这一规律甚至适用于员工的疾病情况。

收入 VS. 成本

可惜的是，仅有极少数经理人了解并掌握住这个正态分布简单原理的重要性。这意味着：**就在 10% 的事件包办了 90% 绩效的同时，剩下 90% 的事件，也就是那些对企业贡献极少的事件，却花费了 90% 的成本。**

换句话说，成本支出也是一种"社会现象"。如果用数学语言来表述，我们所看到的商业事件的"正态分布"，表现为双曲线形式：根据经营绩效数字绘出的是正曲线，根据成本数字绘出的是负曲线。因此，业绩与成本互为相反关系。

把这段话翻译成普通人可以理解的语言，就是说，**经济效益大体上是与收入成正比关系的，而成本则与交易的次数成正比**。此处唯一的例外是采购回来直接用于最终产品制造的原材料以及零部件。比如：

- 签下一张 5 万美元订单所花的成本，不会是签下一张 500 美元订单的 100 倍。
- 设计一个没有销路的新产品所花的成本，和设计出一个畅销产品所花的成本一样昂贵。
- 从接到订货指示、填写订单、安排交货时程到收取货款，一家公司花在一张小额订单的文书作业成本，和花在一张大额订单的文书作业成本几乎完全一样。
- 原则上，甚至从实际制造、包装到交运产品，小订单和大订单所花的成本也差不多。今天大多数制造工厂甚至所有的服务业，连一段时间内的人工费用都是"固定"成本，而非随产量而定的变动成本。只有外购的原料和零件是真正的"变动"成本。

另外，这也暗示了一个结果："**通常情况下**，一家公司会把**90%的收入、资源和精力，投入到实际上没有什么成效的工作中去**。经理人根据"业务量"的需要来分配资源，而不是事件对公司绩效的贡献度。事实上，那些最昂贵、最具有生产潜力的资源（如技能训练的人员）将不得不消耗在成效最少的事件上。交易的庞大数量所带来的外在压力以及个人内心对承担困难任务（却未必能够带来成果）所产生的自豪感，两者相加，导致了错误的发生。谁也没理会这些事件是否能产生实际绩效。

所有研究报告均证明上述观察的正确性。换句话说，无论理论还是经验事实都支持这种看法。以下是一些实际案例。

- 某大型工程顾问公司的技术服务部门雇用了好几百名员工，几乎个个都领很高的薪水，该公司对该部门的工程质量和响亮的名气颇为自豪。这些人的水平的确一流，但从一项分析该部门资源分配的研究结果中，经理人发现，这些高所得员工都很卖力，但是对公司整体绩效的贡献却很有限。大多数人都在处理一些令他们"感兴趣"的问题，特别是小客户的问题，就算解决了这些问题，公司也没有做到多少生意，甚至根本没有利润可言。汽车制造业是该公司最大的客户，往来金额几乎占该公司全部生意的1/3。然而，没有几个人记得自己曾造访过汽车公司的工程服务部门或踏入制造汽车的工厂。他们的回答是："通用汽车和福特汽车不需要我们，它们有自己的技术服务人员。"

- 同样地，许多公司销售人员的配置也是错误的。管理层通常安排规模最大的销售团队（而且通常是最有能力的一批人）去应付那些"最难卖"的产品。哪些是最难卖的产品呢？一种是"已经过时"的产品；另一种是"苟延残喘的产品"。因为管理层仍存有一丝希望，以为借着这批销售高手能让它们起死回生，甚至变成"市场赢家"。至于那些公司高层寄予厚望、应全力推动的重要明日之星，反而往往被忽略。管理层的理由通常是："我们不需要投入特别的努力，该产品就会卖得很好。"

- 在许多公司中，研究部门、设计人员、市场开发工作无不遵循同样的模式，甚至连广告投入也毫无例外——资源分配的原则是基于业务量而不是业绩，基于难易标准而不是对绩效的贡献度，更关注解决昨天的问题，而不是创造今天或明天的机会。

会计原则与实践的落差

说得更清楚一些，"收入货币"和"成本货币"在企业的"货币流动"中不一定是上下游的关系。有收入，公司才能提供成本支出的资金基础，但是，除非管理层坚持将成本正确地投向创造收入的业务活动，否则它将会顺水流向那些毫无贡献的业务活动。

大体来说，一般经理人欠缺分配成本的正确观念。最主要的原因是，他们误以为**会计**资料与分析，就是**经营**数据与业务分析。[2] 会计师必须将那些无法与某一特定产品直接联系起来的成本分摊到所有产品中去。今天，成本中的大部分（在材料和零件费之外的，占总成本60%～70%的部分）与其说是"直接"成本，不如说是分摊成本。

会计人员只能根据总量比例分摊成本，而不是根据交易次数。这样做的结果是，一张 100 万美元的订单（或一件产品）所负担的成本同 100 万张加起来总值为 100 万美元的订单或 50 件总值为 100 万美元的产品一样多。

此外，会计人员眼中只有每一产出单位的成本，而不在意真正的产品成本；只关心利润率，却不管更重要的流动获利能力（即利润乘以周转率）。最后一点，会计人员做成本分类时，并不是根据经济活动的归属，而是以组织或地理位置（如"制造"成本或各"工厂"的成本），或会计法规定的类别（如"薪资"成本）做账。

我完全了解会计界在理论和实践两方面为解决上述有关问题所做的努力——事实上，从我对会计学的有限理解出发，会计师在这方面所做的工作无疑是令人敬佩的。但是，即使这些工作能够取得成效，到最终反映到会计师的实践中也需要好几年的时间，更不必说改变企业家运用或误用会计统计数字的习惯了。

集中优势力量

重要的不是我们**为什么**没有得出正确的结论，而是正确的结论**是**什么？以现有资源而论，怎样做才能实现最好的经济效益和业绩？首先要做的，是设立几条准则。

（1）在追求最大经营成果的前提下，经理人应专注于那些能为公司创造出最大营收的要素。这些要素通常是有限的特定产品、产品线、服务、顾客、市场、销售通道、最终使用者等。经理人应尽量少去关心那些只会消耗成本，对利润无实质贡献的产品。

（2）在追求最大经营成果的前提下，经理人应专注于少数能为公司创造真正营运绩效的活动，而在其他方面的投入则越少越好。

（3）有效的成本控制意味着将注意力集中于少数几个领域，它们在成本控制方面的改善可能对整个公司的业绩产生显著的影响。这些领域也就是那些相对**微小**的效率提升就能够对整体的经济效益产生**重大**影响的地方。

（4）经理人必须做最适当的资源分配，特别是应该**把第一流的人力资源**，分配给能够为公司创造最佳经济成果的活动。

不能原谅的浪费

我们无须对企业在其产品失去"卖方市场"后的糟糕表现感到奇怪，真正令人奇怪的是它们居然没有表现得更糟。因为大多数企业（国外的也好，国内的也好）的做法总是同上述4条众所周知的原则背道而驰。

纷杂的产品破坏了集中的原则。还记得攻击美国工业"乏善可陈的标准化"曾经是多么流行吗？然后是几年前，又开始流行嘲弄工业"有计划地淘汰产品"。然而这两种说法都毫无根据！

绝大多数企业（尤以今天的美国大企业为甚）以自己愿意和有能力提供**任何**规格的服务和满足**任何**类型的需求而自豪，甚至还去鼓励这种需求。不论业务种类增加到什么程度，它们也绝不会出于自愿而放弃任何产品。结果，绝大多数大公司在产品线上摆放着数千种产品——其中往往只有不到20种是真正"能卖的"。这就是说，不到20种产品的收入被用于支付9999种销不动的产品的成本费用。

事实上，在当今的世界经济体系中，美国企业竞争力的最大问题就是产品太杂。如果仔细地核算成本，即使在高工资和高税收的环境下，美国工厂中的主要生产线仍然是具有高度竞争力的。然而我们大批量生产的竞争优势却消失在大量"专门产品"的补贴之中了，这些产品中只有很少部分能够赚回真实成本。至少在铝业和钢铁工业中，情况就是如此。在电子工业中，日本企业之所以能在袖珍半导体收音机上取得优势，恰恰是因为它们集中于少数几个品种，而不像美国企业那样在生产线上堆满没有多大差别的产品。

在人力资源运用方面，美国企业界也犯了肆意挥霍的错误。从人事研究、高级工程技术服务、顾客分析、国际经济事务、作业研究，一直到公共关系，美国企业界似乎都奉行"让我们每件事都做一点吧"的格言。因此，美国企业雇用了庞大的人力，却未集中力量于某个特定领域，从而导致每个领域都没有出现什么了不起的成就。更糟糕的是，企业领导者至今仍未找出有效的改进之道。削减成本的手段还是老一套，人人都知道这起不了多大作用甚至可能起相反作用：一视同仁地"全面削减"15%。我们尚未采取认真的措施去管理资源和集中自己的精力。现在的做法只不过是放任自流。

提升经营绩效的三大步骤

开口批评很容易，谁都可以挑出毛病。读到这里，你们当然会大声问道："请告诉我们，我们到底该从何处着手，才能把公司管理得更好？"很抱歉，我没有全套答案。就算有，也没有办法靠这么短的一篇文章把它说清楚，这恐怕需要用一本书的篇幅来详细阐释。即便有这样一本书，每一家公司**仍然**需要通过自己的努力，找到最适合自己业务运作的方法。

因此，请各位容许我用最粗略的纲要方式，介绍一套有助于经理人在实际生活中提升管理绩效的三阶段流程，起码可以作为一个起点。这三个阶段具体如下。

阶段一：分析

一开始，经理人必须认清事实。经理人必须确认目前有哪些机会，产品的真实成本如何，员工所从事的各种不同的活动，对于公司的潜在贡献如何，进而确认出从经济效益层面而言最重要的成本中心。

阶段二：配置

接下来，经理人必须根据预期结果来分配资源。经理人必须先知道目前公司如何分配资源，接下来则要决定，未来公司应如何分配资源，以便支持那些能够帮公司掌握最有潜力机会的活动。最后，经理人还要制定出必要的步骤，把摆错地方的资源移到最需要的地方去。

阶段三：决策

经理人必须做好即将制定最痛苦决策的准备，也就是决定应如何处理那些过去造成资源分散，而非创造机会与经营绩效的产品、员工活动及成本领域。不消说，经理人今后自然不该把任何有生产潜力的资源继续分配给它们。然而哪些应该完全放弃，哪些应该维持最低的投入，哪些可以转变为重要的机会，以及做出这些改变的代价有多大？

分析事实

在分析阶段，首要的工作是对产品线进行一番不带感情色彩的审视。应当对所有产品逐一进行各项规范的检查：产量、市场地位、市场展望等。当然，还有一个新的关键问题：该产品对企业的贡献如何？从其收益和成本的比较中可以得出什么结论？

在这一分析中，收益应当理解为销售总收入减去原材料的成本。而真正的成本估算应当以这一（最合理的）假设为前提——产品的真实成本只是总成本的一部分，其份额为能够带来产品收益的交易（订单、生产项目、服务项目等）数目与全部交易数量之比——当然，要扣除材料和零部件费用。这种定义听来实在拗口，下面举一个具体的例子做分析。

扣掉外购原料及零部件成本之后，某公司的年收入为6800万美元。扣掉外购原料及零部件成本之后的总成本是5600万美元。

产品A年收入1200万美元，完成这一收入所需要的交易数目为交易总量的24%——如果是按发票数量来计算。其真实成本为每年1350万美元，从而产品A的贡献为负值。同按"官方"标准计算所得的12%的销售利润率数字形成尖锐的对比（这种产品是典型的"明日黄花"，要么已经失去了主要客户，要么只能以不经济的方式维持下去）。

相反，产品B的销售利润率尽管"不能令人满意"，只有3%，却取得了近400万美元的净收入，是所有单个产品中贡献最大的。这些收入来自重要客户的少量大单，大约 50 个订单产生了这些收入。

从本例得知，经理人应仔细分析**所有的产品**，而非一次分析一个产品，否则不会得到任何具体结论。这一方法本身就极不寻常，也很少有人在实践中采用。

一般来说，从产品着手分析成本结构，可以获得最顺当、最重要，也最有启发作用的信息。接下来，经理人应该用同样的态度——分析顾客、市场、配销通路乃至于最终使用者，以了解它们目前的贡献以及预期未来能够做出的贡献。

人员的贡献

在这个部分的分析中所问的问题，往往需要管理层的判断力而不是经济方面的数据。以下是几个有实用价值的问题。

- 哪些领域当我们投入最佳资源后，可以创造出显著的经营成果，从而大幅提升整个企业的经营绩效？
- 在哪些领域中表现欠佳将极大地或至少是显著地危害企业的经营业绩？
- 哪些领域做得好坏与否对绩效并无太大影响？
- 上述领域目前的成果如何？和我们预期或该领域应该达到的绩效水平相较，结果如何？
- 对未来的表现，我们可以有哪些合理的期待？这个未来离我们有多远？

成本中心

在这个地方,经理人应分离出一些特定领域,以进行精确且确实可以做到的成本控制任务。为了方便起见,在此我将给出一项对某家全国性消费品企业的真实研究的报告结果(见图6-1),但对这一分析中所用的方法则省略不提。各个成本中心的比例仅以整数形式显示,故而各项数值都只能是近似值。例如,在实际研究中,"总成本"之和为90%~94%,其他数字也未必像现在这样能够凑成整数。

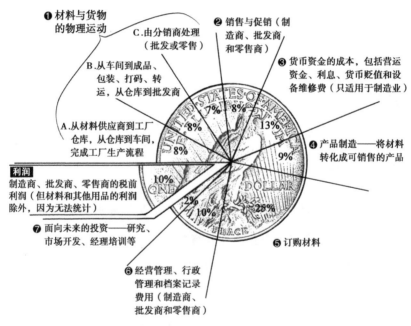

图6-1 消费者的钱花在什么地方

这一项研究唯一的创新手法,是该制造公司将"成本"定义为顾客实际花在产品上的金额(如果采取经济学的角度,你就必须这么做)。换句话说,研究人员是从整个经济流程去观察成本的走向,完全不理会会计制度。

根据传统会计制度，只有可归属于会计科目的成本，会计人员才会入账。

因此，这个实例得到的结论相当明显：除非管理层采用突破性的方法，例如，与传统截然不同的分类过程，否则大多数公司投入所谓成本控制的努力（如制造成本控制），实际上并没有多大帮助。经理人可能完全不了解，那些最有可能取得成果的成本中心，不是位于现有事业**之外**，需要公司采用有别于删减成本之类的传统方法去对待（如分销渠道）；就是一些管理层平常不放在眼里的领域（如资金成本）。

下一步该做什么

接下来的步骤，是分析资源分配至各生产线、员工支持活动以及成本中心的现状如何。分析必须包括定性和定量两个维度，因为仅仅依靠数据是没有办法回答以下问题的。

- 广告与推广费用是否花在对的产品上？
- 设备的分配，是否与对未来的市场需求的合理预测相符？
- 公司拟定的工作时程分配，是否有助于让最佳人才从事最有生产力的活动？
- 这些优秀人才的精力集中在重要的工作上了，还是不得不分散到多项工作中以至于无法做好任何一件事？

回答这些问题常让人感到不舒服，而考虑如何解决这些问题同样不是很愉快的事情。从配置策划的阶段到决策阶段，通常需要经理人鼓起十足的勇气。

决定优先次序的决策

到了这个阶段,只有一个原则要遵循,那就是:

就掌握未来机会与创造经营绩效而言,哪个领域最有发展潜力,就应该得到公司充分的资源配合——不论数量上还是质量上。在这一要求得到满足之前,不要考虑其他部门。

涉及产品领域的决策,恐怕是最困难、风险也最大的;因为在做这类抉择时,并没有简单且显而易见的原则可供经理人依循。我们顶多可以根据产品对利润的贡献,将现有产品粗分为六大类。其中两类具有最高的贡献潜力,另外三类的贡献甚低或为负面贡献,最后一项的贡献则介于中间。经理人不妨试着将现有产品做以下的分类。

- **明日的赚钱能手**:新产品以及经过改造或改良的今天营生工具(极少有未经改善的今天的赚钱能手,能继续成为明日的赚钱能手)。
- **今天的赚钱能手**:昨日的创新成果。
- **经大幅更动之后,有可能变成纯贡献者的产品**。例如,将相当数量消费群所使用的仅具备有限功用的"特殊产品",转变为具有更普遍功能,且能为大多数消费者接受的量产产品(此为介乎中间的那一类)。
- **昨日的赚钱能手**:通常是那些本来应该有着不错销售量的产品,却因为各种特别功能导致规格繁杂,从而产生大量小额订单的产品。因此需要组织分配大量的资源维持，导致入不敷出。然而这往往也是除了接下来我要介绍的产品群组外，占用了企业最多且最好资源的产品群组。（"防御性研究"就是一个常见的例子。）

- **"苟延残喘的产品"**：通常是那些过去曾被寄予厚望，却没有做出好成绩，又未被正式淘汰出局的产品。不管继续投入多少资源，依然没有成功的可能，因此它们永远不是贡献者。不幸的是，因为在其中倾注了太多心血的缘故，不少管理层及技术专家仍然不愿意放弃它们。

- **失败的产品**：这方面基本上没什么问题，因为它们一般会自行消亡。

经理人在做资源分配的抉择时，最好能根据上述排名顺序。首先，第一类产品应分配到足够的资源，而且最好能再多一点。其次，今天的赚钱能手也应该得到支援。接下来的决策制定就必须相当谨慎了，即使是拥有大量人才的企业也不例外。如果公司拥有一些可能变成主要贡献者的产品，经理人应挑选其中成功概率最高，最有可能为公司创造**杰出**贡献的产品，给予它们所需的支持。

剩下的三类产品，连同第三类中未被选中的产品，原则上公司不应该将最有生产潜力的资源提供给它们。甚至规模最大、管理最完善、获利最丰厚的企业，也应该让它们自生自灭。以"昨日的赚钱能手"为例，这类"摇钱树"通常因为它们还能为公司赚取几年的丰厚利润而备受礼遇，但它们终究会日益萎缩乃至于被市场淘汰。如果经理人继续投入资源，一直等它们衰弱到必须进行人工呼吸的地步，就太愚蠢了。

接下来是"苟延残喘的产品"的处理方式。经过四五年的尝试及努力，如果其表现依然远远低于预期，就应该果断放弃。再没有比一种叫作"差一点就成功"的产品更耗费公司资源了。特别是当公司上下都深信，无论从质量、设计或从制造成本与困难度（工程师口中的"质量"指的就是这个）来看，这类集万千宠爱于一身的产品"注定"要成功时，公司资源流失的情形将更加严重。

现在到了最后的、最关键的"怎么做"步骤：根据理性分析做决策，然后毫无所惧地执行该决策。千万别理会任何人所提出的，再给某产品一次机会的恳求或一些似是而非的辩解理由，例如，会计人员的"这样做能吸收间接制造费用"或销售经理的"我们需要完整的产品线"等（人们当然可以找得到让产品继续存活的理由，但如果你决定花时间去证明那些理由是否站得住脚，就得准备和他们一同承担恶果）。如果我能继续在这方面提供建议当然很好，可惜我实在拿不出什么程序或步骤来帮助经理获得决策所需要的勇气。

结　　论

这篇文章探讨的是经理人真正应该做的工作，也就是管理者需要以系统的方法解决有效提升经营绩效的问题，包括行动计划、分析方法以及对所需工具的深刻理解。

尽管实际落实这一项工作时，每家公司所呈现的面貌可能不同，但是都离不开这个基本的真理：任何事业所从事的任何活动或所开发出来的任何产品，当它们开始运作时，就注定了将来一定会被淘汰的命运。

因此，每隔两三年，每一个产品、每一项作业、每一种活动都应该接受评估，以了解是否还应该进行下去。经理人应该用看待一份**新**策划案的态度，从预算编列、资本分配申请等，从头到尾重新审视这些"新"产品、作业与活动。面对它们，不要忘了问："如果几年前我们没有投资做这件事，现在还会打算做吗？"如果答案是否定的，接下来的问题应该是："我们该如何抽身？以多快的速度撤出？"

经理人工作的最终成果是决策和行动，而非他们拥有的知识与远见。经理人的关键决策是如何分配资源与努力，而执行这一项决策是相当令经理人为难的。无论如何，经理人都应坚守这个原则：**在分配资源特别是在分配第一流的人才时，一定要尽一切可能先满足那些最有发展潜力的领域。**即使这样做意味着在其他许多方面（看起来还不错，却不到非做不可的程度）将不可能投入真正有生产力的资源，也在所不惜。这样的选择好处非常大。千万不要把高潜力的资源随意挥霍，分散到低潜力的项目中。这当然是痛苦的高风险抉择，然而经理人从公司领取高薪，正是要做这样的事。

2

第二部分
执行者的世界

PETER DRUCKER ON THE
PROFESSION OF MANAGEMENT

第 7 章

管理者真正需要的信息

第 8 章

新型组织的到来

第 9 章

组织化的新社会

第 10 章

企业可以向非营利组织学习什么

第 11 章

新生产力的挑战

第 12 章

管理与这个世界的课题

第 13 章

后资本主义时代的经理人：德鲁克专访

第 7 章 | CHAPTER 7

管理者真正需要的信息[⊖]

三四十年前,新的数据处理工具兴起之后,企业界人士不是低估就是高估了信息对组织的重要性。包括我在内,当我们谈论利用计算机做出来的"业务模型"可以帮经理人做决策,甚至能够帮公司运作大部分业务时,我们都高估了这个新工具的能力。但我们同时也大大低估了新工具的利用,认为这些工具仅仅只是帮助经理人将现在的工作做得更好。

现在已经没有人谈论如何运用业务模型制定经济决策了。到目前为止,数据处理能力的最大贡献甚至还没有应用到管理领域。人们多半将它用于作业层面,例如能够帮建筑师解决结构问题的计算机辅助设计软件。

尽管我们既低估又高估了这个新工具,我们却忽略了一种现象,那就是这类工具将大大改变我们每天必须处理的"任务"。历史不断地教

⊖ 发表于 1995 年 1~2 月。

导我们，观念和工具是互赖互动的。其中之一改变时，另一个必将随之改变。我们现在所说的企业观念和信息工具之间，正是存在着这种关系。新工具促使，事实上是迫使我们从新的角度看待我们所从事的事业。

- 企业是资源生产者，亦即把企业看成能将营运成本转变为收入的组织。
- 企业是经济活动链条中的一环，管理者必须全面了解整个经济链条，才能有效管理成本。
- 企业能够为社会创造财富。
- 企业既是物质环境的造物者，也是受造物。组织外部的环境，正是任何组织掌握机会与创造绩效的基础，然而它们能否成功乃至于继续生存，也受到来自同一环境的威胁。

本章谈论的就是管理者需要用来获取信息的工具，以及这些工具所隐含的深层概念。企业界使用其中某些工具已经有一段很长的历史了，然而这些工具却极少甚至完全没有被应用到最重要的企业管理领域。其中某些工具必须重新设计，因为它们现有的形式已经无法发挥作用。而对那些将来会变得非常重要的工具，到目前为止，我们只有最简单的描述，因为这些工具本身还有待开发。

虽然只是刚刚开始理解作为工具的信息，我们还是可以大致可靠地勾画出经理人用于管理企业所需要的信息系统的重要部分。由此出发，我们可以对经理明天将要管理的企业（可以称之为经过重新设计的公司）的基本观念有一定程度的理解。

从成本会计到产出控制

最传统的信息系统,也就是应用于会计方面的信息系统,恐怕是截至目前我们所做改变(包括改变信息本身乃至于业务运作方式)最有进展的领域。事实上,许多公司已经放弃传统的成本会计,而改采"作业成本法"(activity-based costing)的成本会计制度。这个新制度带给我们特别是制造业者的,是一个完全不同的业务流程观念及一套新的衡量方法。

70年前通用汽车公司发展出来的传统成本会计制度,乃假定制造总成本等于各项作业成本的总和。然而,与企业竞争力及获利能力相关的,却是全流程的总成本。作业成本法的会计制度所记录乃至于方便管理者管理的成本信息,正是全流程的成本。这个新制度的基本假设是:制造作业是一个整合的流程,从耗材、原料及零部件抵达工厂的卸货区开始,直到制成产品送抵最终使用者处。因此,顾客服务也是产品成本的一部分、安装费用也是,即使顾客已经为此支付了费用。

传统成本会计计算的,是**做**一件事的成本,例如切割螺纹。作业成本法则同时记录了"**未做**"某件事的成本,例如机器闲置的成本、等候来料或所需工具的成本、货品等待交运的仓储费用以及重做或处理产品瑕疵所花的成本等。这类传统成本会计无法记录的"未做"某件事的成本,通常等于甚至超过"做"某件事的成本。因此,作业成本会计制度不仅能做到比传统更有效的成本控制,更能够提供"产出控制"(result control)。

传统成本会计假定工厂必须执行特定作业(如隔热处理),而且必须以现有的方式执行。作业成本会计则先问有没有必要做这件事,如果有必要，再问什么是做这件事的最佳方式。简而言之，作业成本法乃是同时进行过去各自独立的价值分析、流程分析、质量管理及成本分析等活动，从而成为一个整合的分析。

如果能善用作业成本会计，这个新工具可以帮助企业有效降低制造费用，其幅度甚至可能达到 1/3 或更高。然而，更大的受益者却是服务业者。对于大部分制造企业而言，仅有成本核算是远远不够的。然而，包括银行、零售商、医院、学校、报社、广播电台及电视台等大多数的服务业，却几乎完全没有所谓的成本信息。

作业成本会计告诉我们，为何传统成本会计不适用于服务业。不是传统会计的方法错误，而是它的基本假设有问题。服务业者无法像制造业者一样，通过传统成本会计方法，从记录个别作业成本开始建立成本数据。服务业者只能从这样的假设开始：它们只有一个成本，那就是整个服务系统的成本。传统成本会计中广为人知的一个观念，也就是固定成本和变动成本的区分，在服务领域里并没有实用价值。同样不适用的还有传统成本会计法的假设，即资本能够取代劳动力。事实上，对以知识为基础的工作而言，如果企业增加了资本投资，反而需要增加劳动力。例如，某医院采购最新的诊疗设备，同时可能需要使用四五名专业技术人员。其他以知识为基础的组织，将从实践经验中学到相同的功课。由于在一段时间内的成本是固定的，再加上不同资源之间不能彼此替换等理由，导致服务业者必须从整个作业流程的角度记录成本，而这正是作业成本会计的基本假定。将这个观念应用到服务领域，让服务业者第一次获得成本信息，有助于他们进一步的产出控制。

以银行为例。过去数十年来，业者不断尝试应用传统成本会计方法，企图计算出单项作业与服务项目的成本，结果成效微乎其微。如今他们可以问：在整个作业流程中，哪一个**活动**左右了成本和产出？答案是：服务顾客。既然在任何营业项目中，服务个别顾客的单位成本都是固定的，银行经理人就应该把注意力转移到能决定成本与获利率高低的"每单位顾客经济回报率"（包括每个客户使用服务的数量和服务组合）上面。西欧国家的折扣零售店早就知道其中的奥妙。它们假定，一旦装置某一单位的货架空间，成本就固定了；于是管理层的主要任务，就变成在一段时间内如何让该货架赚取最大收益。由于它们专注于收益的控制，即使产品价格及利润压得很低，还是能获得不错的收益。

服务行业正在开始将新的成本理念应用于经营之中。在某些领域中（例如生产率根本无法衡量的研究实验室），我们可能必须一直依靠评估和判断而不是衡量工具。但对于大部分知识和服务型工作，我们应该可以在10~15年开发出可靠的工具，用来衡量和管理成本，并将成本和经营结果联系起来。

我们对服务业应用作业成本会计所获得的利益越清楚，就会更加明白，为什么各类事业都应该尽量取得并详细记录与顾客往来有关的成本了。如果通用、福特及克莱斯勒这几家汽车公司采用了作业成本会计，它们一定会后悔，前几年为什么要采用那些造成人人皆输的促销手段：为新车买主提供极为优惠的折扣与现金折扣。这类疯狂促销手段实际上耗费了三大车厂巨额的资金；更糟糕的是，流失了大量潜在买主。事实上，这三家公司市场占有率的跌幅都很可观。问题是，上述促销活动的成本，乃至于它们对获利率造成的负面影响，在传统成本会计上根本显示不出来，导致管理层无从得知公司所蒙受的严重损失。传统成本会计仅显示个别制造作业的成本，偏偏定价折扣与现金折扣对公司造成的负面影响，并不会反映在这些孤立的成本数字上。另外一点是，传统成本会计也不会显示定价决策对市场占有率的影响。

作业成本会计正是要显示，或至少是企图显示"每一项活动的成本及收益改变，将对整体绩效造成什么影响"的具体数据。如果汽车从业者当初采用这个制度，就不会容许业务人员乱打折扣或提供高额的现金回扣了。事实上，包括丰田、日产及本田在内的多家日本汽车制造商，已经在运用某种形式的作业成本会计制度了。虽然才刚起步，这些日本从业者却能在和美国同业大打折扣战的同时，仍维持原有市场占有率及利润水平。

从法律幻觉到经济现实

只是了解作业流程的成本还不够。想要在竞争日益激烈的全球市场上出人头地，还需要了解整个经济链的成本结构，进而与同一经济链上的其他成员共同合作管理成本，从而创造出最大的回报率。换句话说，一家公司必须学习从单单记录自己组织的成本数字，进展到充分掌握整个经济链的成本结构。在这样的流程中，规模最大的企业也不过是其中的一个环节而已。

从法律层面来看，公司是股东、债权人、员工及税务人员眼中的一个实体。然而从**经济学**的角度看，这只是一种幻觉。30多年前，可口可乐只不过是一家授权独立装瓶业者制造产品的授权商，如今该公司已拥有美国境内大部分瓶装事业的所有权。然而经常喝可口可乐的消费者却极少知道这个事实,甚至根本不在乎什么经营权转移的问题呢!与市场有关的是经济现实,是整个流程的成本,与谁拥有经营权无关。

这样的故事在商业史上不断地重演:一家默默无闻的公司不知从何处冒出来,短短几年内,在产业领袖还没有来得及喘口气之前,就取而代之成为新的领导者。专家提出的解释通常是,该公司制定出卓越的策略、拥有最先进的科技、执行最有创意的营销手法或引进所谓的精益生产模式。然而在每个案例中,这些新公司都拥有可观的成本优势,而且通常在三成左右。理由很简单:新公司知道如何掌握整个经济链的成本结构,而不是仅懂得管理自己的成本。

丰田汽车公司恐怕是最广为人知的一个成功案例了。在丰田的经连社下,每一家供货商和经销商都是当然成员,它们的成本全在丰田汽车公司的掌控之下。从制造、配销到提供售后服务,丰田经理人管理的是一个单一成本流程之下的总成本,从而将资源准确地投向成本最低、收益最高的方向。

其实,最早通晓应该管理整个经济链成本结构的并不是日本人,而是美国人,也就是创办通用汽车公司的威廉·杜兰特(William Durant)。大约从1908年起,杜兰特便开始收购一些做得不错的小型汽车制造厂,如别克、奥兹莫比尔(Oldsmobile)、凯迪拉克及雪佛兰,并将它们合并为新的通用汽车公司。1916年,杜兰特另外成立了一家独立经营的联合汽车公司,收购一些做得不错的零件制造商。联合汽车收购的第一家零件制造商,就是拥有查尔斯·凯特林(Charles Kettering)所发明,汽车引擎自动点火装置专利的德科(Delco)公司。

直到1919年为止,杜兰特总共收购了20家供应商。那一年,也是杜兰特被通用汽车赶下总裁宝座的前一年，他收购了最后一家零件制造商费希博德公司。从新车设计过程开始，杜兰特就刻意把零部件及附属品制造商的相关人员带到现场，这么做有助于把整台汽车的全部成本当作一个成本流程来管理。实际上，日本商场上的经连社，可以说是杜兰特的发明。

然而到了1950~1960年，让杜兰特颇为自傲的经连社，已经变成令通用汽车公司十分头痛的绊脚石。由于通用旗下的零件部门都成立了工会组织，人工成本已远较其他独立经营的竞争者为高。从帕卡德（Packard）到斯蒂庞克（Studebaker），这些本来一直向通用购买零件、占通用零件销量达1/2的独立汽车公司，也因这个从市场上消失了。通用也跟着失去了对旗下主要供货商成本及质量的控制权。然而在超过40年的时间里，通用采用的系统成本模式，让该公司建立了同业难以对抗的竞争优势，连最有效率的斯蒂庞克也不是它的对手。

西尔斯是第一个采用杜兰特系统成本模式的公司。20世纪20年代，西尔斯陆续和供货商建立长期的供应关系，并买下它们的少许股份。有了这层新关系，当供应商设计新产品时，西尔斯的经理人就能够顺理成章地提供咨询意见，所以西尔斯能够了解并管理整个成本流程，也因此建立了数十年来令竞争者难以超越的成本优势。

20世纪30年代初期，伦敦的马莎百货公司模仿西尔斯的做法，也获得优异成绩。20年后，由丰田带头的日本企业，开始派人赴美英两国，研究并学习西尔斯与马莎的成本管理模式。到了80年代，沃尔玛采用类似方法，允许供货商直接以超市货架作为它们的存货空间，不仅免除了供货商的仓储成本，也几乎帮自己节省了1/3的传统零售成本。

但是，上述几家公司却是极少数的例外。早在19世纪90年代末期，阿尔弗雷德·马歇尔已经在他的书中再三强调，企业家应掌握整个经济链的成本结构。尽管如此，大多数企业界人士至今仍视之为太过抽象的理论。不过经济链成本的有效管理，已经日益成为企业管理中不可或缺的手段。在詹姆斯·沃麦克（James P. Womack）与丹尼尔·琼斯（Daniel T. Jones）合写的一篇名为"从精益生产到精益企业"的文章中，两人大声疾呼，试图说服管理者接受类似观念。具体来说，他们认为管理者不仅需要掌握及管理特定经济圈内的成本链，甚至还要掌握并管理该经济圈内的所有事物，特别是企业战略与产品规划，这项工作不应当限于各个公司在法律上划定的权利边界。

目前，企业界已有从"成本主导价格"逐渐转变为"价格主导成本"的趋势。这个趋势已成为迫使业者朝"掌控整个经济链成本流程"方向发展的主要推动力量。传统上，欧美国家企业一向以成本为基础，在单位成本上面加上所期望的利润就成为产品售价，这就是由成本主导价格的定价策略。而西尔斯及马莎早就改用由价格主导成本的定价策略；简言之，在产品的设计阶段就根据客户愿意支付的价格决定可以容许的成本。直到不久前，这种做法仍然被认为是商场上的异数，如今由价格主导成本的定价策略，已逐渐成为市场主流。日本人率先将这个模式运用于出口产品。接着，包括沃尔玛在内，欧美国家及日本的所有折扣商店都开始采用这个定价策略。克莱斯勒最新车型和通用汽车土星（Saturn）系列，也是因为采用同一定价策略而大赚其钱。但是，只有当公司能够了解和管理经济链的**全部**成本之后，它们才可能实行以价格为导向的成本计算法。

事实上，从外包、策略联盟到合资，任何以合伙而非以控制为基础所建立的事业结构，都能够应用这个经营理念。特别是在全球经济的竞技场上，这类事业体势必逐渐成为那些想追求高成长竞争者的模仿对象，而不再像以前的传统模式，由母公司全盘掌控旗下所有的附属机构。

对大多数企业而言，想要从传统模式转变为经济链成本模式，仍然是一个令经理感到相当为难的决策。因为这个模式要求整个经济链的所有成员采用一致或至少是兼容的会计制度。问题是，各成员早已习惯自己的那一套，而且相信自己的制度才是最好的。另外一个问题是，经济链成本制度要求各公司彼此分享信息，然而甚至连同一家公司的不同部门都做不到这一点。尽管有这么多的阻碍，仍然有公司想尽办法克服重重困难，落实经济链成本会计制度。宝洁公司就是一个很好的例子。宝洁效仿沃尔玛与供货商建立紧密关系的策略，和负责配销该公司大部分产品的300家大型零售商相约分享重要业务信息，从而实行经济链成本管理制度。

不管有多大的困难，经济链成本制度势在必行，否则连最有效率的公司，都将因成本结构的劣势而吃足苦头。

取得创造财富的信息

能够让企业成为市场赢家的，是企业创造财富的卓越表现，而不是高强的成本控制能力。然而，从传统的绩效衡量工具上，我们却看不出这个显而易见的结论。大学教授告诉会计系一年级的学生说：资产平衡表不仅能显示出一个企业清算后的价值，也能够让债权人知道该企业遭逢最坏处境时的信息。然而在一般情况下，有哪一家企业是以清算自己为目的而经营的？事实上，管理者在经营一家公司时，必须以永续经营，也就是以"创造财富"为目标，想要达成这个目标，管理者一定要想办法获得能帮助他做出最睿智判断的信息。具体来说，管理者需要4套诊断工具：基本信息、生产力信息、竞争力信息以及与分配稀有资源有关的信息。这四类信息加起来，就成为可供管理者有效管理现有事业的工具箱。

基本信息

历史最悠久且应用最为广泛的诊断性管理工具，包括对现金流量与清算价值的预测，以及诸如计算经销商库存和营业额比例之类的标准衡量工具，例如，有多少百分比的营收必须拿来支付利息，以及超过6个月的应收款项占总应收款项或营业额的百分比等。这几类管理工具相当于医生的例行检查工具，如测量体重、脉搏、体温、血压及尿液检查等。如果检查报告显示一切正常，我们其实并未得到什么信息。如果报告指出有异常之处，则表示出了问题，需要管理者做进一步的确认及处理。通过这类衡量工具得到的信息，可称为基本信息。

生产力信息

第二套供管理者诊断经营现况的工具，对象是主要资源的生产力。"二战"快结束前的那一段时间，工业界曾尝试衡量工人的生产力高低，这是人类使用这类工具的开端。时至今日，虽然还不怎么成熟，但是我们已逐渐发展出对知识型工作者及服务业员工生产力的初步衡量工具。然而，只是衡量蓝领及白领阶层工作者的生产力，还不足以让我们了解生产力的真相。我们需要获得有关"全因素生产力"（total-factor productivity）的信息。

正因为如此，最近越来越流行一种叫作"经济附加价值分析"（economic value-added analysis, EVA）的工具。这个工具建立在我们老早就知道的观念上：一般人在财务报表上看到的利润，也就是扣除各项费用之后剩下来的净值，还不能算作利润。[2] 不要以为某公司缴了所得之后还有剩余，即表示该公司赚钱了，除非公司的利润大于资金成本，否则该公司仍然有亏损。凡是利润小于资金成本的公司，表示该公司回报给所处经济体系的，还不及它从这个经济体系吸取的资源。除非公司所赚取的利润大于其资金成本，否则任何公司都无利润可言。换句话说，这些公司并没有创造财富，而是在侵蚀财富。因此，根据这个衡量标准，自"二战"以来，很少有美国企业真正赚钱。

通过衡量"所有"成本，包括资金成本在内，EVA 实际上是在衡量与生产力有关的"所有"因素。该分析工具并没有告诉我们，特定产品或服务未创造出附加价值的原因，也没有告诉我们该如何改善。尽管如此，它提供了我们应当知道的东西，并且告诉我们是否应当采取补救措施。EVA 还让我们能够从成功经验中学习。具体来说，通过 EVA，我们得以知道是哪些产品、服务、作业或活动展现出极高的生产力，从而为公司创造不寻常的附加价值。于是我们应该自问，从这些成功经验中，我们能学到什么？

将这个概念应用于取得生产力信息的最新工具，当推标杆学习（benchmarking）——将自己的企业同本行业中最好的公司进行对比分析，或者更进一步,同本行业中每一项最佳指标进行对比。标杆学习的假设相当正确,亦即只要有任何组织做得到的事,其他组织也应该做得到。该分析的另一个假设也很正确:至少要做到和产业领袖一样,才有资格参与市场竞争。总之,同时采用 EVA 和标杆学习这两种诊断工具,有助于管理者衡量乃至于管理全因素生产力。

竞争力信息

第三套工具处理的是竞争力课题。自从普拉哈拉德(C. K. Prahalad)与加里·哈默尔(Gary Hamel)发表了那篇具有开创性的大作"企业的核心竞争力"之后,[3] 我们得知,如果企业具备同业根本做不来或就算想要模仿也会事倍功半的核心竞争力,该企业将因此登上产业领袖的宝座。从另一个角度来说,那些让业者取得市场龙头地位的核心竞争力,正是因为它们能将生产者或供货商的特殊能力,和市场或顾客价值有效地融合在一起。

例如,日本人能够做出体积非常小的微型电子零件,乃源于该国已有 300 年历史,一种叫作"印笼"(inro)的传统艺术。具有这种手艺的工匠,能够把风景画描绘在面积很有限的漆器表面。另一个类似的根源是日本工匠甚至能在体积更小的带扣⊖(netsuke)上,雕刻出整座动物园中的动物。通用汽车公司则是第二个案例。80 年前,该公司有办法成功地收购小公司,也是一项极为独特的竞争力。马莎百货公司为中产阶级设计出事先包装好、买来即可食用的高级熟食餐盒,同样也很独特。问题是,那些想要取得乃至于维持市场领导地位的公司,如何才能知道本身

⊖ 日本话叫作根付,是一种固定和服围带的小配件。——译者注

是否已具备某种核心竞争力？如果没有，又该如何找出它们来呢？如果某公司已经确定了某个核心竞争力，管理层如何知道该竞争力是在进步还是在退步？未来是否应固守该领域，还是应有所改变？

目前有关核心竞争力的话题，绝大部分都属于人云亦云。不过，现在确实有一些高度专业化的中型企业（其中有一家瑞典制药厂，一家制造特殊工具的美国制造商），正在发展能够衡量及管理核心竞争力的方法。这类方法的第一步是仔细追踪自己和竞争对手的绩效表现，特别注意留心在业绩可以预期的领域中所出现的意外的成功和意外的挫败。前者显示该领域为市场所肯定，顾客也愿意支付公司开出的价格，同时显示公司在这里享有领导者的优势地位；后者传递的信息可能是市场已经改变，或公司的竞争力已经减弱。

上述分析可以帮助企业尽早发现市场机会。例如，美国某工具机制造商仔细分析了该公司一连串非预期的成功之后，经理人发现，许多日本小型工厂乐于购买该公司所生产、采用最先进科技的高价位机型，即使这些机型并未按照它们的需求设计，业务代表也未曾向它们推销。经过进一步分析，经理人找到了该公司一项新的核心竞争力：尽管就技术面而言，这类产品相当复杂，但是因为它们易于维修，因而获得日本业者的青睐。他们将这一发现贯彻到设计工作当中，取得了在美国及西欧地区的小型工厂及工具机市场的领导权，从而开发出一些在此之前几乎从未涉足的巨大市场。

每个组织的核心竞争力都不一样，因为它们是组织性格的一部分。但是任何组织（不仅是企业组织）都需要一个核心竞争力：**创新**。而且任何组织都需要设计出一套能够记录及评估其**创新绩效**的方法。某些组织已经在实行这种方法了，其中包括几家绩效卓著的制药厂。从这些实践经验中，我们发现，它们并不是从自己公司而是从仔细记录整个领域的创新绩效开始的。例如，他们会问，哪些创新获得了真正的成功？其中有多少是本公司的创新成果？我们的绩效与原先的目标相称吗？与市场趋势相称吗？与我们的市场地位相称吗？与我们的研究发展经费相称吗？本公司获得成功的创新，是否落在最有成长潜力与发展机会的领域？我们错失了多少真正重要的创新机会？是因为我们未看到，还是视而不见，就这样平白让它们溜走？或是我们把它给搞砸了？从有创新构想到把它转变为可出售的商品，我们的表现如何？当然，与其说上述大部分问题是在衡量绩效，不如说是在进行评估。（当然，必须承认，对大部分问题只能给出评估结论，而不是量化的设计结果。）它的作用不在于如何正确地回答问题，而在于这个过程提出了正确的问题。

与分配稀有资源有关的信息

在管理现有事业以追求创造财富的过程中，管理者所需的最后一项诊断信息，与"如何分配稀有资本与高水平人力资源"有关。有了这两者，管理者才能把已知与经营现有事业相关的信息转变为行动。一个企业表现得好或坏，也是由这两者决定的。

大约 70 年前，通用汽车公司开发出第一套系统性的资本分配流程，如今几乎每一家公司都有自己的一套资本分配流程。可惜，很少有公司懂得如何正确地运用这类工具。在评估公司资源分配的预期效益时，管理者通常仅用下列一两项尺度：投资回报率、回收期间、现金流量或净现值法等。然而从 20 世纪 30 年代初期起我们就知道，使用上述衡量尺度中任何单独的一项，都不是**正确**的方法。想要知道某项投资的预期效益，管理者必须**同时**使用 4 种方法。如果是 60 年前，这个工作势必涉及大量的数学运算，但如今在短短几分钟内，任何计算机即可提供管理者所需的信息。此外，我们从 60 年前就知道，千万不要单独评估某个投资案，而应从众多备选方案中选择一个"机会风险比"最高的方案。这有赖于管理者分别做出能显示各个备选方案运用资本的"预算"。同样地，很少有公司做到这一点。更严重的是，在执行资本分配流程时，大多数公司甚至忽略了寻求两种关键信息。

- 一旦投资未达预期绩效目标时会如何？（根据实践经验，每执行 5 个投资案，就有 3 个会失败。）公司会因此严重受创还是无关大局？
- 一旦投资案成功，特别是当实际成绩远远超过当初的预期时，公司能否以赢家身份对待它？土星汽车获得惊人成绩之后，通用汽车公司竟然没有一个人站出来替它的后续发展说话。照这种趋势，该公司极可能因为欠缺融资能力而毁了自己的成功果实。

此外，管理层也应该为投资企划案制定期限：我们希望多久看到它开花结果？执行结果（包括成功的、接近成功的及失败的结果）一定要定期回报并加以分析。想要提升组织的绩效，再没有比衡量投资案的绩效，也就是由管理层制定一个"比较该投资案的实际成绩与预期目标的制度"更好的方法了。过去 50 年来，如果美国政府制定一个类似的反馈制度，——评估政府施政措施的成效，那么美国的状况要比现在好得多。

然而资本并非组织唯一的资源，也绝不是最稀有的一种。在任何组织内，最稀有的资源当然是第一流人才。自从"二战"爆发以来，美国军队就学会（至今仍没有任何组织学会）如何评估其晋升将领决策的成效。如今美国军队已经能更进一步地思考，在任命高级军官担任重要职位之前，当局到底期望此人做些什么。之后，当局将定期评估，这些人在新职位上的实际表现是否符合当初的预期，并仔细检讨绩效，作为今后改进任命新职位过程的依据。反观企业界，从管理层任命某人担任新职位时是否明白告知其任务内容，到是否有系统地评估用人决策的成效，我们几乎一无所知。在追求创造财富的过程中，经理人应以对待资本的态度，用最周详的思虑制定分配人力资源的目标，并详细记录及研究决策执行的结果。

从组织外部取得变革信息

上述 4 类信息只能告诉我们现有事业目前经营得如何，它们仅提供与"战术"方法及方向有关的信息。至于与制定"战略"有关的信息，我们必须有组织地从外部环境获得，包括市场、顾客及非顾客、本身产业及其他产业的科技、全球金融环境及变动中的全球经济，这些才是企业创造成果的领域。在组织内只有所谓的成本中心，企业唯一的利润中心是"支票能够兑现的顾客"。

重大的变革也是从组织外部环境开始的。某零售商可能非常了解顾客的习惯与需求，然而不论该零售商经营得多么成功，它的顾客永远只是广大顾客群中的一小部分，其余绝大部分人都是该零售商的"非顾客"。那些影响人类生活深远的基本变革，一向都是从非顾客开始的。

过去50年来，改变特定产业的重要新科技，至少有半数来自该产业之外。例如，促成美国金融界产生革命性改变的商业票据，最初并不是银行界开始发行的。分子生物学与基因工程也不是制药业发展成功的。尽管绝大多数公司都是地方型或区域型企业，但是它们都要或可能要面对全球性竞争，和许多听都没听过的对手互相竞争。

上述与外部环境有关的所有信息并不是都唾手可得，有时可能连不可靠的信息都得不到。但是某些现成的信息，许多企业却视而不见。例如，20世纪60年代，许多美国企业到欧洲开拓市场，对当地政府有关劳工的法规却不闻不问。欧洲企业到美国来打天下，和美国公司合资做生意时，也犯了同样的错误。90年代，日本不动产业者到美国加州投资，却遭逢重大挫败，最主要的原因就是，日本人没有先了解当地最基本的都市计划区域划分法与税法。

从税制、公司法、市场偏好、配销管道到知识产权，还有很多相关资料，许多企业常常假设上述这些"必须是"它们已认定的那样或至少"应该是"那样，并因而尝到苦果。一套适当的信息系统，必须提供让管理者质疑这些假设的信息，这类信息必须导引他们提出正确的问题，而非仅提供他们所期望的信息。建立这个信息系统的首要前提是，管理者知道他们要的是什么样的信息；第二个前提是，要让管理者定期获得信息；最后一个要求是，该系统应能有组织地整合信息，从而让管理者制定出正确的决策。

从联合利华、可口可乐、雀巢公司、日本的大商社，到少数几家知名的建设公司，这些少数跨国企业很努力地建立一套能有效搜集、管理外部信息的系统。然而一般来说，绝大多数企业还没有开始做这件工作。

甚至连规模很大的企业，有时都得雇用公司以外的人员来协助它们。例如，通过与专业程度较高的专家进行沟通，有助于让企业思考自己真正需要什么样的信息，以便有效经营现有事业。由于信息来自四面八方，以致大多数时候，若非依靠特定领域的专家，企业根本无法取得足够的信息。某些信息可以靠组织本身取得，如关于顾客、非顾客或所处产业领域科技的信息。然而关于组织必须了解的外部环境信息，则唯有依靠外部来源，如各类数据库与数据服务机构、用不同语言出版的期刊、各类贸易协会出版的刊物、政府出版品、世界银行的定期报告、科学领域发表的论文以及许多专门研究报告等。

组织必需求助于外部信息来源的另一个原因是，管理层必须将这些信息做系统整合，才能够质疑及挑战现有策略。光有数据是不够的，这些数据必须与策略整合，必须能测试出公司的经营假说是否符合现实需要，还要具备挑战公司目前状态的观点。通过一套新的计算机软件（针对特定群体如医院或意外险公司等定制的信息）或许能做到这一点。莱克西（Lexis）公司推出的数据库，就针对律师事务所提供类似的信息，不过该数据库仅提供答案，而不问问题。我们真正需要的是有人能提供这样的服务：提出关于使用信息的建议，不论使用者从事什么行业，都能指导使用者提出具体的问题来，甚至能进行交互式的顾问咨询服务，否则我们只好将外部信息系统"外包"出去了。将来的企业界，特别是小公司，可能倾向于向独立经营的管理顾问公司吸取信息。换句话说，这些"外部环境的内行人"，将成为未来外部信息系统的主要供应者。

既然大多数重大的威胁与机会都在外部环境中发生，因此不论管理者决定采用什么方法来取得外部信息，都得赶紧进行。

结　　论

或许有人会质疑："企业需要取得的信息很少有什么新东西嘛！"这句话对了一大半。的确，从观念层面来看，我们现在所讨论的许多新衡量工具，很多年前就有人在不同场合讨论过了。但是，现在和以前不同的是"数据处理的技术能力"。通过这类能力，我们不必付出很高的代价，就能够很快地得到所需信息。而不过就在前几年，为了取得同样的信息，我们需要花费很高的成本及力气。70年前，时间与动作研究助了传统成本会计制度一臂之力。时至今天，计算机则助了作业成本会计制度一臂之力。没有计算机的帮助，人们几乎不可能完成这个新制度的繁复要求。

然而上述论点仍然没有谈到重点。真正的重点不是工具，而是工具背后的观念。过去我们认为应该分开用于不同目的的工具，现在却因为观念改变，而认为它们应该合在一起，成为一个整合的信息系统，这样的信息系统能够有效地帮助管理者进行企业诊断、制定事业策略及决策。这才是人们对信息的看法与意义在观念上的重大转变——作为未来行动基础的信息统计，而不是作为一种事后的评估或对已经发生的事件的记录。

19世纪70年代最早出现的指挥控制型组织，可比喻为一个被厚实外壳完全包覆的生物，而现在新兴的组织则是围绕着一副骨骼（信息）而设计。信息既是整合一个企业的新系统，也是其构成骨骼的要素。

对于做生意，就算用了最复杂的量化工具或最难以理解的社会学术语，我们的传统心态仍然逃不脱"贱买贵卖"的窠臼。然而上述新方法，赋予做生意全新的定义：增加附加价值、创造财富。

第8章 | CHAPTER 8
新型组织的到来[一]

20年后的典型大企业，管理层次将不到今天的一半，管理者人数也不会超过目前的1/3。未来企业的组织结构面对的乃至于关心的问题，都将与今天完全不同。目前一般人印象中的组织，甚至教科书上所举的例子，都还停留在20世纪50年代制造业公司的组织形态。具体来说，未来企业组织将比较像今天的医院、大学或是交响乐团。因为未来的企业将是一个大部分由专业人员组成的知识型组织。这些专业人员通过同事、顾客及公司总部提供的反馈来自治、自律。因此，它们将是我所说的以信息为基础的组织（information-based organization）。

未来的企业，尤其是大企业，必然会走向以信息为基础的组织结构。人口结构的大趋势是主要推动力量：知识工作者将取代从事体力及文书工作的人，成为人力资源市场的新主流。知识工作者不会再接受100年前企业模仿军队所建立的指挥控制模式。经济需求则是推动这个变革的

[一] 发表于1988年1～2月。

另一个因素，大企业需要不断创新和保持创业精神，否则很难在市场中继续生存下去。不过，信息技术的发展才是最大的推动力量。

尽管如此，引进最先进的数据处理技术，并不是打造信息导向组织的必要条件。正如我们看到的，早年英国曾经在印度建立过这样的组织，鹅毛笔就是它的"信息技术"，赤足的信差则是它的"通信系统"。当然，随着先进数据处理技术日益普及，在分析及诊断这些工具所提供的信息时，我们必须学会如何掌握重点，否则就有可能被我们自己制造的庞大数据所淹没。

到目前为止，大部分人使用计算机只是为了更快地完成他们从前所做的工作——数据的快速处理。然而当企业尝试踏出第一步，决定尝试以计算机处理信息而非数据时，企业的决策过程、管理结构乃至于做事情的方式都将随之转型。这种情况正在世界各地的企业中快速出现。

以信息为基础的组织的诞生

只要想想计算机技术对资本投资决策所产生的影响，我们就能看到这一变化初现端倪了。很早以前我们就知道，在资本投资决策的分析中，没有一种方法是完全可靠的，需要至少6种不同的分析工具：预期投资回报率法；计算投资经济寿命的还本期间法；计算投资经济寿命期间所有收益的净现值法；计算不做该项投资或延迟做决策的风险；预估投资失败的风险及最后一项机会成本法。相信任何会计系学生都学过这些观念。然而在数据处理能力未像现在这么强大之前，完成这些数据分析需要一个职员几年的时间。如今只要有电子表格，任何人都能在几小时内完成这样的分析。

自从有了这类信息，资本投资分析过程因而大幅变化，从参与者发表主观意见，进步到根据客观数据进行诊断。也就是说，经理人可以很理性地评估各个备选方案。以前经理人是在看到一些数字之后就要做一项财务决策，而且带点儿投机成分在内；现在则是根据不同战略假定的发生概率而决定一项经营决策。因此，资本投资决策一方面成为制定经营战略的基础，另一方面也考验经营策略的前提。换句话说，信息技术已将过去的预算编制作业转变为政策分析。

当企业把数据处理能力的重心放在信息的产生上时，第二个受到影响的领域将是组织结构。最直接且最明显的影响将是，组织管理层级以及经理人数量可以大幅削减。其理由显而易见：隶属于某些管理层级的所有人员既不做决策，也没有领导下属。这些人主要甚至唯一的功能，如同电信公司的"中继站"，用人工方法强化那些信号较微弱及较模糊的信息，从而让组织的沟通工作持续下去。

在调查和了解高级管理层与一线经理人的信息需求时，美国一家大型国防工业公司发现了这种现象。研究人员询问他们在工作上需要什么信息、从何处获得这些信息以及信息如何传递过来。结果发现，在14个管理阶层中，竟有6个是不必要的。它们之所以存在，完全是因为该公司以前从未做过类似研究。该公司一直以来有着海量数据，可惜这些包含了丰富信息的数据向来只用于管理控制，而没有被转换为更有用的信息。

被赋予关联性及特定目的之后的数据，即成为信息。因此，在转换数据的过程中，经理人需要相关知识。就本质而言，知识就是拥有者对特定领域的专业化认知。（事实上，那些越有知识的人，越倾向于进一步的专业化；他们越是努力了解自己所属的领域，越发觉还有更多有待学习的地方。）

以信息为基础的组织，远比今天我们熟悉的指挥控制型组织更需要专业人才。事实上，以信息为基础的组织需要雇用大量专业人才。不仅如此，这些专家是在第一线工作，而不像以往那样在公司总部的办公室。事实上，未来的一线组织将由各种各样的专业人才组成。

和以前一样，以信息为基础的组织的公司总部仍需聘用法律、公关及劳资关系等方面的人才。然而所谓的幕僚人员，也就是那些不负责实际运营，仅提供建议、咨询和协调的人将大幅减少。以信息为基础的组织在其**核心**管理层中只需要很少的专家（如果说还需要的话）。

由于信息导向的大型组织是一个扁平式组织，这种组织的结构将比较像一个世纪以前的组织，而不像目前常见的组织。不过，在100年前的组织中，所有的知识（再没有别的知识了）完全集中在组织最高层的少数几个人手中，其余的人员如果不是助手，便是奉命执行例行工作；反之，在以信息为基础的组织中，决策知识完全掌握在组织基层的专业人才手中。这些人每天都在做不同的工作，并且能够自行决策和管理。而在今天常见的组织中，知识往往集中在幕僚人员手中。他们栖身于最高管理层和一线员工之间，试图从高级主管处获得知识，而不是从基层人员处获取信息。这是一种过渡类型。

以信息为基础的组织对传统企业造成的第三个也是最后一个影响是，许多工作完成的方式将产生巨大改变。传统的部门将成为工作标准的守护者、训练中心与专业人才委任分配中心；这些部门将不再负责完成具体的工作。这在以任务为中心的团队型组织中表现得最明显。

这一变化在以往职责划分最为清晰的研究部门中已经得到了体现。不论是制药、电信还是造纸行业，传统上从研究、开发、制造一直到营销的"串联流程"，已经逐渐被同步作业（sychrony）所取代。从产品概念形成直到产品上市，很多企业早已实行由上述各部门派出专业人员，组成任务团队共同负责的做法了。

对于任务小组将来如何解决其他的商业机会和问题，这一点还有待观望。不过，我认为，关于该不该成立任务团队、应分派该团队什么任务、团队成员的组成、领导者的选择等，都将因地制宜，根据具体情况来决定。因此，未来的以信息为基础的组织将超越目前所谓的矩阵式组织，甚至与矩阵式组织完全不同。但有一点是可以确定的：以信息为基础的组织需要人们更懂得自律，更要重视个人在企业内部相互关系和交流方面承担的责任。

*　*　*

预见信息技术将给商业组织带来变革是简单的，而说明这一变革将对企业和高管层提出怎样的要求则要困难得多。在我看来，通过向其他以信息为基础的组织寻求启发大有裨益，比如医院、管弦乐团、英国在印度的政府等。

一家拥有400张病床的中型医院，需要数百名医生以及1200～1500名医护人员。这些医疗人员可能分属60种不同的专业医疗领域。不同专业领域人员所拥有的知识、接受的训练以及使用的专业语言都不相同。各部门，特别是临床实验室及内科医疗部门，其主管都由部门内专业人员兼任，极少是全职的经理人，而且他们都直接向院长负责，医院组织的中层经理人很少。大量的工作是以临时组成的医疗小组的形式完成的，小组的组成则由每个病患的诊断结果及病情状况而定。

大型交响乐团的组织似乎更具启发性。一个大型乐团有时需要几百名音乐家同台演奏。根据传统组织理论，他们或许需要好几位副总裁级指挥及六名左右的部门经理级指挥。但事实并非如此，一个乐团只有一位指挥（相当于一个公司只有一位最高主管），每位音乐家都直接在乐团指挥的带领下演奏，根本没有任何中间阶层。这些音乐家都是相当专业的人员。事实上，他们个个都是艺术家。

最能够说明如何成功运作一个大型的、没有任何中间管理阶层的、以信息为基础的组织的例子，莫过于英国在印度所建立的政府组织了。[1]

从18世纪中叶到"二战"结束，印度一直在英国的统治之下。在大约200年的时间里，英国在印度建立的政府组织与治理政策，几乎没有改变。这个政府统治的是一个人口稠密、幅员辽阔的地区，然而它的公务员人数却始终不曾超过1000人。和邻近以接受儒家思想教育的士大夫和官宦所组成的中国政府相比，这个数目顶多只及后者的1%，而中国政府与英国的印度政府所管辖的人口总数相去并不远。当时（尤其在统治初期），派驻在印度政府服务的英国官员都很年轻，几乎都不超过30岁。他们大多驻守在偏僻的基地，离最近的农庄也有一两天路程。而在整个英国统治时期的前100年里，电报、铁路都尚未发明。

这是一个完全扁平的组织。每个地区的官员都直接向各省务卿报告。当时，印度有9个省，每位省务卿同时有100名左右的地区官员向他报告，远远超过理论上应有的控制幅度。然而，这个制度却运作顺畅，主要原因便在于该政府体制为每位官员提供了执行公务必要的信息。

每个月，地区官员得花一整天的时间撰写呈报给省务卿的工作报告。

报告内容虽然只有四大项，地区官员却必须详述这四大项的执行情形。官员要详细写下预期目标、上个月的实际进度，如果目标与实际进度之间有差异，还要写出发生差异的原因。另外，该官员尚需制定下个月的工作目标，并提出自己对下个月可能发生问题的处理原则，同时顺便征询相关的政策规定，提出他对未来长期趋势可能出现的机会、威胁与需要的看法。省务卿会详细阅读这些报告，并以"备忘录"的方式，批示意见后回复这些地区官员。

以信息为基础的组织的管理议题

看了以上这些例子，是否有助于我们了解以信息为基础的组织对公司及管理层的要求呢？我们能否借此预测这种组织将面临的管理问题呢？让我们先来探究这种组织的要求。几百位音乐家何以能在一位指挥（即最高主管）的带领下合作无间地演奏？因为他们有一本共同的乐谱。这本乐谱详细记录了横笛手何时吹奏、吹奏出什么笛音，鼓手何时打鼓、打出什么鼓声，同时也明确地告诉指挥家何时可听到什么乐音。同理，医院的专业人员也有一个共同使命：照顾及治疗病患。诊断报告就是他们的"乐谱"。根据该报告，X光摄影室知道要照哪个部位的X光片、营养师知道该如何调制膳食、理疗师和其他医务人员知道该如何进行治疗等。

换句话说，以信息为基础的组织要求管理层制定明确简单的共同目标，可以让组织成员将之转换为具体行动。另一个要求是，从上述实例中，我们得知，以信息为基础的组织最好在特定时间里仅集中力量于一个或少数几个目标。

由于以信息为基础的组织的"成员"都是专业人员，因此不可能由其他人来告诉他们该怎么做。例如，绝大多数乐团指挥都不会吹奏法国号，因此要指挥示范法国号该如何吹奏既不必要，也不可能。然而指挥却能贡献其聚焦的功能，让法国号手的吹奏技巧与知识，在许多音乐家同台演出时，与其他人做最完美的搭配。同样地，以信息为基础的组织的领导者也应该学习这个聚焦的能力。

不过企业组织的问题在于，它们根本没有预先写好的"乐谱"，而且企业组织的"乐谱"是边演边写的。不论现场演出的效果如何，任何交响乐团都不会擅改作曲家所写的乐谱。但是企业在经营过程中却在不断地谱写新的乐章，而企业的业绩表现则可以根据这些乐谱来加以评估。因此，除了必须定出明确的目标，让组织的所有成员都能了解组织整体的绩效目标、各部门的目标及个人的目标之外，以信息为基础的组织也应建立有效的反馈系统，帮助整体组织、部门和个人实时衡量工作绩效是否达成预期目标，以便人人都能自我控制。

以信息为基础的组织的另一个要求是，组织内的每个成员都要负责传递信息。例如，管弦乐团低音部的巴松管即负责协调乐曲的演出节奏，医院的医生及护理人员必须按时赴各楼层的护理站（医院组织精心设计的报告系统与信息中心）填写病历表，而英国印度政府的地区官员每个月都必须撰写详细的工作报告。

换句话说，这个体系顺利运作的关键在于，组织中的每个成员都自问："谁需要我提供什么信息才能顺利完成他的工作？""我又需要谁提供什么信息？"当然，很多人都会列出其直属上司及下属的名字。可是，名单上最重要的人却应该是平行的同事，那些回答者需要与之建立协作关系的人。这就如同医院里的实习医师、外科医师和麻醉师之间的关系，也像是制药公司里的生化学家、药理学家、检验室主任以及营销专员之间的关系。这种关系的维持，需要组织中每个成员善尽信息传递的责任。

对他人负有信息责任的思想日益深入人心，特别是在中等规模的公司里。然而一般人似乎不太了解，对自己，每个人也应该善尽信息传递的责任。换句话说，组织成员必须不断地思考："要顺利完成我的工作，并对公司有所贡献，我需要哪些信息？"

这意味着对今天的企业运作方式最彻底的颠覆，即使计算机应用已经达到最高水平的企业也不例外。在这些企业中，人们认为数据越多信息也就越多。这种想法在过去那个数据匮乏的年代是成立的。然而处在今天资料爆炸的时代，过多的数据反而让人看不到他需要的信息。此外，人们也常常误以为信息专业人员能提供管理者及各类专家所需的信息。事实上，信息专业人员只是工具的专家，他们只能告诉我们用什么样的工具才能在椅子上钉装饰钉，却无法告诉我们该不该装饰那张椅子。

因此，管理者与专业人员都应该想清楚，为了完成自己的工作，需要什么信息与数据。具体来说，他们首先应知道目前的工作绩效；其次要能制定自己该有的工作绩效；最后要评估自己是否达成应有的绩效目标。否则，公司的信息管理部门将仍然停留在扮演成本中心角色的阶段，无法成为成果中心（result center）。

经理人的管理挑战

目前，大部分大型企业的实际情况与上述案例相去甚远。然而，如果这些企业要维持竞争力，甚至只是为了能继续生存，它们就必须赶紧转变成以信息为基础的组织形态。也就是说，它们必须放弃旧有的习惯，并学习新的运作方式。过去越成功的企业，转变过程也将越艰苦。因为这个转变可能威胁许多人原有的职务、地位和机会，尤其是那些在公司任职多年已步入中年的中层经理人。这些人缺乏弹性，而且安于现有的工作、职位、人际关系乃至于工作习惯。

以信息为基础的组织也有其独有的管理问题。以下4点便是我观察到的关键问题。

（1）为专业人员设计报酬、绩效机制以及职业生涯规划体系。

（2）在由专家组成的组织中创造共同愿景。

（3）设计出支持任务团队型组织的管理架构。

（4）如何确保高级管理人才的来源、培养和考察。

巴松管手就是巴松管手，他们自己既不想、乐团也不奢望他们能学会吹奏别的乐器。他们或者从第二巴松管手升任第一巴松管手，或者从二流的乐团跳槽到比较知名的乐团。医事技术人员的升迁途径也很狭窄，他们通常能升任为资深医事技术人员，但非常不容易升为检验室的主管。由检验师升任检验主任的概率是1/30到1/25。另一个机会是跳槽到规模较大、经费较充裕的医院。而由英国管辖的印度政府，地区官员绝大多数没有任何升迁机会；最多是3年任期届满，有可能被调往幅员较大的辖区而已。

在以信息为基础的组织中，专业人员的升迁机会应该比乐团或医院的专业人员高得多。不过，他们的升迁途径将十分类似，也就是在同一专业领域内"升迁"，空间非常有限。因为在专业领域内，中层经理人的职位很少，成为经理人反而是例外。这种情形与目前的传统组织恰好相反，传统组织中除了研究发展人员，专业人员多半跳离专业领域，朝一般性的管理职位发展。

早在30多年前，通用电气公司即针对"个体专业贡献者"设计了"双轨升迁"（parallel opportunities）制度，企图解决这类问题，并引起很多企业仿效。然而大多数专业人员并不认同这种"升迁"方式。对专业人员，乃至于对他们的同僚，那些已经担任经理的人来说，担任管理职务才能称为升迁。而在绝大多数的企业里，管理人员享有较高薪资及头衔的人事制度设计，更强化了这种观点。

这个问题没有简单的答案。或许我们可以借助大型律师事务所或管理顾问公司的经验。这些公司的资深执业人员通常也是公司的合伙人，而没有希望成为合伙人的专业人员则早早被淘汰出局。不过，更重要的是，无论企业未来决定采取什么方式激励专业人员，都必然要大幅改变其原有的价值观和薪资制度。

信息导向组织面临的第二个管理挑战是，如何为一个全是由专业人员组成的组织，描绘出大家都认同的愿景，以让所有成员都能够看到全局？

英国的印度政府要求其地区官员具备"纵观全局"的眼光。可是，为了让他们专心照料辖区事务，在整个19世纪，印度中央政府陆续在政府体制外，创办有关森林开发、水利灌溉、考古调查、公共卫生以及道路兴建等机构，而地区官员几乎完全未参与这些机构的运作。换句话说，到后来，各地区官员事实上已经与这些事务脱节，偏偏这些事务对其辖区都有重大影响，也很重要。到后来，只有省政府和位于德里的中央政府，才有所谓"纵观全局"的眼光，但就连它们的视野也变得越来越抽象。

企业当然不能这样。组织内所有专业人员，尤其是资深专业人员，需要了解组织的整体目标，并朝着整体目标努力。但同时它也将不得不接受，实际上是不得不培养其专家的职业自豪感和专业精神。这是因为，在失去了进入中层管理队伍的机会之后，专家的敬业动机只能来自职业自豪感和专业精神。

指派专业人员参与任务小组，是提升他们专业能力的途径之一。未来，以信息为基础的企业将使用越来越多的小型自我管理的工作组，并对其分配小型任务，既富有挑战，通过努力又可以完成。然而，信息型组织能够在多大程度上将表现优异的专家调离其本专业领域，轮岗到新的岗位上呢？而高层管理者又需要在多大程度上接受这样一个事实，那就是他们的优先事项就是给这些职业专家制定并保持共同的愿景？

大量依赖任务小组的做法解决了一个问题，但也带来另一个问题：新的以信息为基础的组织的管理架构。谁是这类新组织的经理人？是任务团队的领导者吗？将来会不会出现一种双头怪物？就像目前的医院一样，一头是由专业医护人员组成的专业结构，另一头是由任务团队领导者组成的行政结构。

由于风险高、争议性又大，管理者确实难以决定该如何界定任务团队领导者的角色与功能。是否该像医院中的护士长一样担任固定职务呢？或是该随着任务不同扮演不同的角色呢？这是一项固定职位或是临时指派的工作？是否要在公司管理阶层中占一席之地？是否要像宝洁公司的产品经理一样，让任务团队领导者成为管理团队的基本构成单位和公司的一线主管？任务团队领导者最终会取代传统的部门主管和副总裁等职位吗？

从目前迹象看来，上述各种发展都有可能，但没有明显证据显示，我们也无从了解每一种发展趋势到底会如何。然而唯一可以确定的是，任何一种发展都将与我们所熟悉的组织结构完全不同。

新组织面临的最后一个管理问题是，如何确保高级管理人才的来源、培养及考察。这已经是一个老掉牙的问题了。过去40年来，大企业之所以相继采用分权化组织结构，目的之一也是为了培养公司的高级管理人才。由于目前的组织有许多中层管理职位，其中不乏公司有计划培养成为接班人的优秀人选。因此，一有高层主管出缺时，管理层可以立刻从中拔擢适当人才。然而，随着中层管理职位的大幅减少，以信息为基础的组织的高级管理人才该向何处寻找？应该在哪里磨炼他们？如何筛选出真正有能力的人才？

未来，权力分散和组建自治性单位将比今天发挥更为关键的作用。我们甚至可以复制德国企业实行的分权组织结构：每个分权单位单独组建成公司，拥有自己的最高管理团队。由于传统上，德国企业是在固定的专业领域里提拔员工，尤其是研究和工程部门。如果不成立这种几近独立的附属公司，德国企业将无法提供给有管理潜力的专业人员接受训练及考验能力的机会。成立这类附属机构的宗旨，正如美国棒球大联盟从小联盟中筛选优秀球员一般。

因此我们预期，大企业的高级主管也将逐渐由中小企业的高级主管挖角而来，就好比目前大型管弦乐团的指挥多半来自小型乐团。那些年轻的指挥愿意待在规模很小的乐团或歌剧院接受磨炼，目的就是希望有朝一日被大型乐团的负责人相中。目前在大医院担任要职的管理人员，大多也拥有类似经历。

然而，企业组织能否仿效乐团和医院，让最高管理层的职位成为独立于企业之外的职业？乐团的指挥和医院的管理人才来自专业教育训练机构，法国大企业常延揽自政府机关退休的官员担任高级主管，但其他国家的企业界则根本不容许这类事情（只有法国才有这种神秘的人才养成学校）。即使在法国，由于经营环境日益艰难，要求也越来越高，如果欠缺丰富的历练与过人的表现，实难胜任大企业高级管理的工作。

总之，从培养、评估考察，到继任管理，整个高管管理流程将面临远比今天更为严重的困难。那些有多年实践经验的企业人士可能需要常常回学校重新接受培训，商学院也必须及早拟定适合成功专业人员选修的管理课程，以训练他们成为未来的企业高级主管与领导者。

结　论

现代企业是在美国南北战争与欧洲普法战争之后出现的。到目前为止，有关企业组织的观念与结构已历经两次重大革命。第一次发生在1895年至1905年，当时，管理阶层首次与所有权分离。从本质而言，管理遂成为一项专门的职业与工作。而第一位实行这个观念的，是德意志银行的创办人西门子。当时，他的堂兄弟威纳（Werner）将自己创办的电子仪器公司交给儿孙辈后，因为经营不善而濒临破产。西门子于是以停止贷款为手段，强迫威纳家族将公司的经营权移交给专业管理人员。稍后，摩根、卡内基及洛克菲勒一世等人，也相继采用类似方法，大力整顿美国的铁路公司和其他产业。

20年后,企业界又发生了第二次革命性改变。目前仍被大多数人视为典型的现代企业组织结构,是在20世纪20年代初期皮尔·杜邦(Pierre S. duPont)率先重组其家族企业,随后几年斯隆重新设计通用汽车公司之后逐渐形成的,也就是我们今天常见的指挥-控制型组织。这类组织的特色为一方面强调实施地方分权,另一方面成立总公司幕僚群,集中人事管理、统筹编制预算及控制财务,并严格划分政策责任与业务运作责任。50年代初期,当通用电气公司完成组织重整,并创造出完备的组织结构之后,第二次变革达到巅峰。这种组织形态也为今天世界所有大企业所效仿,日本企业也不例外。[2]

现在,我们正在进入第三阶段的变革:从由总部部门和分公司所构成的命令-控制型组织,转变为以信息为基础的组织、由知识专家组成的组织。尽管还比较模糊,我们已能隐约看到这种新组织形态的模样,也能分辨这类组织的主要特征以及对管理层的新要求。同时,我们也点出了未来企业可能面临的主要问题,包括新的价值观、组织结构乃至于工作行为。但如何实际建立、打造以信息为基础的组织,这一问题仍在前面等着我们,这也是未来经理人必须勇敢面对的时代挑战。

CHAPTER 9 | 第9章

组织化的新社会㊀

每隔数百年,西方世界就会出现一次巨大变革。如果我们以10年为一阶段来观察,就能够发现整个社会在世界观、基本价值观、社会结构及政治结构、艺术观,乃至于社会中主要机构上的自我调整。50年后,一个世界诞生了,在这个新世界出生的人,甚至无法想象其祖父母辈生活的那个世界(也就是他们的父母亲出生时的那个世界)是什么样的情景。

一个人一生所经历的时间,已经足够让这个社会完成一次大转变了。然而我们现今面临的大转变,就是今后不会再有所谓的"西方"历史或"西方"文明了,以后将只有世界历史与世界文明。

造成这个大转变的真正原因至今仍没有定论。有人说是因为日本(第一个非西方国家的经济强权)挟其强大经济力量所带动的,也有人说是第一台计算机(指的是计算机所带来的信息革命)的诞生促成的。我个人认

㊀ 发表于1992年9~10月。

为较合理的答案，是美国政府颁布的"退伍军人优待条例"㊀（GIBill of Rights）。由于美国政府实施这个法案，使得自"二战"退伍的士兵有钱进入大学就读，再加上美国退伍军人热烈响应该项措施，从而引发了整个社会迈向知识型社会的大趋势。如果是在30年前"一战"结束后实施这个法案，绝对不会产生任何改变社会的效果。

在这个新社会中，知识乃是个人及整体经济的最主要资源。其他如土地、劳力及资本等，经济学家经常提及的三项传统生产要素并没有消失，但它们的地位却退后了。只要有专业知识，人们即可轻易地取得这些资源。然而，光靠专业知识本身是无法创造任何产出的，唯有将专业知识与特定任务相结合，我们才能看得到生产力。这就是知识型社会同时被称作组织社会的原因之一。具体来说，包括企业与非企业，任何组织的功能与目的，就是要将专业知识整合到特定任务之中。

历史经验告诉我们，一直要到2010年或2020年时，人类才能完成这个社会转型的过程。因此，我们不必尝试预测转变中的世界以及任何可能改变的细节，这样做是很危险的。然而我相信，对于人类将来可能要用来自我反省的一些新问题和即将面临的一些重大课题，我们已能看到它们大致的轮廓了。

具体一点儿说，我们已经知道组织社会所面临的最大压力与课题了；社区要求稳定、与组织要求不稳定而形成的紧张关系；个人与组织间的关系以及因彼此要求对方负担的责任而形成的紧张；组织要求自主性、与社会需要公益而形成的紧张关系（即组织的自治要求和对普遍的、善的

㊀ Government Issue Bill 之缩写，为美国国会于1944年制定的法案，目的在协助"二战"退伍士兵接受教育、参加职业训练及购置房屋。——译者注

社会界定之间的紧张关系）；人们要求组织负担更多社会责任而形成的紧张关系以及专业人员追求提升本身专业知识水平、与组织要求他们重视团队绩效而形成的紧张关系。上述所有紧张关系，均将成为未来几年必须给予相当程度关注的课题（特别是在发达世界中）。而要纾解这些紧张关系，不能靠发表革命宣言、提出某种新哲学观念或由政府颁布某项新法令，而是要从制造这些紧张关系的来源着手，包括个别组织与经理人的办公室。（它们只能在问题所产生的地方得到解决：在各个组织和经理人的办公室里。）

不学习，就淘汰

　　社会、社区及家庭，都属于那种意图保持现况的机构。它们尝试维持稳定，避免被改变，或至少会设法拖延被改变的过程。然而现代组织却是破坏稳定的根源，它们必须为了创新而创新。这个行为就像经济学家熊彼特所描述的，是一种"创造性破坏"（creative destruction）的行为。现代组织的原始设计，就是要有系统地放弃已经建立、习惯、熟悉、令人感到安逸的产品、服务、流程、整套技能、人际关系与社会关系，甚至于整个组织。简而言之，现代组织的原始设计，就是要追求不断的改变。现代组织的功能，乃是要把知识注入工作之中（包括工具、产品及流程）、注入工作的设计中乃至于注入知识本身，而快速改变，正是知识的本质之一。因此，今天确定的事物，到了明日总会被视为荒谬。

　　技能改变的速度相当缓慢，而且发生频率很低。如果一名古希腊石匠复生，来到今天石匠的工作现场，他将发现唯一的重大改变，是雕刻在石造墓碑上的把手部分装有电池罢了。(也许唯一重要的变化只是在墓碑设计上的要求有所不同。他所使用的工具还是一样的，只不过手柄里面装上了充电电池。)历史告诉我们，经过5~7年的学徒生涯，一名18岁或19岁的工匠就学会够他一辈子做生意所用的知识与技艺了。然而在组织社会中，比较保险的说法是，具备任何知识的任何人，每隔四五年就得学会一项新知识，因为他们之前所拥有的知识很可能已经落伍了。

一般来说，上述人类面临的变革，已经相当微妙地影响了新知识产生的模式，许多新知识并非来自本身所在的领域，从而使得这个变革的重要性又大大增加。自从古登堡（Gutenberg）发明活字印刷术之后，400年来人类一直使用相同的印刷技术，直到蒸汽引擎问世才有所改变。铁路运输的最大挑战也不是来自本身领域，而是来自汽车、卡车及飞机等其他运输工具。今天的制药业已经被来自基因学与微生物学的知识微妙地改变了，然而40年前，没有几位生物学家知道有这两种学科。

"只有科学或技术能创造新知识并淘汰旧知识"的观念更不正确。和科技创新相较，社会创新同样重要，有时甚至有过之而无不及。例如，让19世纪最感骄傲的机构（商业银行）产生全球性危机的，既不是计算机，也不是任何科技改革。罪魁祸首是商业票据，并且是一位非银行界出身的人士发现了它的妙用。其实，商业票据作为企业资金融通工具的历史相当悠久，但不怎么起眼。商业票据流行之后，立刻打破了商业银行200年来独占资金融通的局面，也剥夺了商业银行最主要的收入来源：商业性贷款。其实最大的变革，可能是过去40年来，有目的的创新（包括科技创新与社会创新）已经蜕变为一种有系统的学科。也就是说，创新已经成为一门可以传授及学习的学问了。

至于许多人至今仍相信的"速度较快的知识导向变革,只会发生在商业领域"离事实真相也很远。"二战"结束后50年来,没有任何组织的改变幅度超过美国军事组织。官兵的制服维持不变、军阶和职衔也未变动,然而武器的改变却令人叹为观止,从1991年的波斯湾战争即可看出端倪。有关战略思想与作战观念的改变幅度甚至更大。从美国军队的组织结构、指挥系统、上下级单位之间的关系与职责等,我们看到了史无前例的转变。

同样地,尽管自300年前人类发明教科书以来,学校及大学的形态就已经定型,至今没有太大的变动。我们仍可以很有把握地预测,今后50年内,学校及大学一定会经历多次更大幅度的改变。促成它们改变的原因之一,当然少不了科技这个要角,例如计算机、录像机以及通过人造卫星播送教学内容……另一个原因则是知识型社会对人们的要求。具体来说,知识工作者必须将有系统地学习新事物(包括态度及方法)纳入终身学习中。最后一个原因是,左右人类如何学习新事物的前提,也跟以前不一样了。(部分则来自人类学习机制的新理论。)

建立有效管理变革的机制

对经理人而言,上述知识变革幅度之大,是摆在眼前的事实。因此,他们亟须做的一件事情是:"在所属组织结构中,必须纳入能有效管理变革的机制。"

一方面,这意味着每个组织都应该随时准备放弃现在所做的一切。每隔几年,经理人就必须针对每一个流程、每一个产品、每一项步骤及每一条政策规定自我反省:"如果当初没有做这件事,就我们现在所知,我们还会做这件事吗?"如果答案是否定的,经理人必须接着问:"那现在该怎么办?"这里的重点是,经理人必须采取行动,而不是说:"再研究看看。"事实上,将来企业组织甚至要学会有计划地汰旧换新,而不是试图延长成功的产品、政策或某个运作方式的使用年限。但是,目前只有少数几家日本大型企业敢面对这个挑战。

另一方面,建立一个有效的管理变革机制,也意味着每一个组织都必须致力于创造新的东西。具体来说,管理层必须系统地执行以下三项工作。第一项工作是:持续改进组织现有的任何活动或产品。日本人把这个过程称作"改善"(kaizen)。人类历史指出,所有艺术家都是改善的实践者,也就是有系统地持续自我改进。可能是受到传统"禅"观念的影响,到目前为止,只有日本人将改善观念深植于日常生活及企业组织的运作之中(唯一的例外是抵死不肯改革的大学教育)。改善的目的是要改进特定产品或服务,让它们在两三年内成为真正与众不同的东西。

第二项工作是:每一个组织必须学习挖掘本身的知识领域,以便从现有的成功基础中发掘出下一代应用方式(应用项目)。我们再一次发现,到目前为止日本人在这方面做得最为成功。录音机就是一个很好的例子。当初美国人发明了这个产品,日本家电制造商却将之发扬光大,每隔几年就开发出新一代的款式,在市场上一再掀起购买热潮。不过,从现有成功基础不断创造更多成功的做法,并非日本人的专利,美国南部乡下地区的牧师教会(Pastoral churches),在这方面的表现也很突出。

最后一项工作是:每个组织必须学习系统地进行创新实践。如今组织已经能够这样做,而且必须这样做。当然,接在创新成果后面的,一定是有计划的汰旧换新，并且周而复始地重复这个流程。除非发展到这个境界，否则任何知识型组织很快就会落伍。具体来说，不仅它的绩效将落于人后，同时更无法吸引并留住拥有一流技能与知识的人才，而这类人才正是知识型组织赖以创造卓越绩效的基石。

另外，建立一个管理变革的机制，也需要组织实施高度的分权制度。这是因为，我们必须把知识型组织的结构，设计成能够快速决策。要做到这一点，决策者必须尽量靠近下列决策要素：创造绩效的场所、市场、科技甚至是决策者可以看得到、能够加以运用，并且提供创新机会的地方，例如社会、外部环境、人口结构及知识等领域。

然而上述论点无一不在暗示，后资本主义社会组织的生存宗旨，就是要在所处的社区进行颠覆、破坏及制造不稳定状态。这类组织一定会改变社区对技能及知识的需求。例如，正当每一所技术学院为了配合市场需求，刚刚才更改课程，开始全面教授物理学时，组织又需要精通遗传学方面的专家了。又如，当银行职员学会贷款授信分析技术，并能熟练运用时，主管却另外安排他们去从事投资顾问的工作了。这些还不打紧，更糟糕的是，有些工厂说关就关，对所在社区一点交代也没有，社区中许多人全家的生计，就靠在这家工厂中工作的人来维持。再不然就是工厂虽然继续运转，却因为引进了最先进设备，厂方决定用一些20来岁的年轻小伙子，只因为他们懂得计算机仿真技术。而那些可能从年轻时就开始学习模型铸造的工人，一直做到头发花白，到头来仍不免被公司炒鱿鱼。

同理，当医学界关于婴儿接生的知识基础与医事技术已经改变时，大医院可能会裁撤产科。因为无论从医生的水平及医疗设备来看，那些独立经营的接生中心都比大医院强得多。更严重的是，当医学知识、技术与经营实践发生重大变革时，可能连整座医院都得被迫关门。具体来说，不论从规模经济或从能否提供一流医疗质量来评估，病床数少于200张的医院，已经没有存在的必要。总之，不论是医院或学校，或任何社区组织，当人口结构、科技或知识发生变革，迫使它必须采取必要的措施以维持营运绩效，亦即它必须履行其社会功能时，它一定毫不犹豫地那么做，不管该组织与当地社区有多么深的渊源，以及多么受到当地人的喜爱。

然而，上述每一项改变，都会引起组织所在社区的不安、骚动，甚至剥夺了社区居民的权益。每一项改变都是"不公平"的，都是制造不稳定的根源。

组织文化应超越所在社区

另一个有关组织的事实，对所在社区具有同样程度的破坏力：必须位于特定社区内的现代组织，却不能属于该社区。具体来说，某个组织的成员居住在特定地方、说当地语言、送小孩到当地学校就读、投票选民意代表、缴纳所得税，也感觉当地就像自己的家乡一样。然而该组织却不能完全投入所在社区，也不能把组织的命运附属于所在社区的命运上。该组织的"文化"必须超越所在社区。

一个组织所呈现出来的文化面貌，是由该组织所执行任务的本质来决定的，而不是由该任务执行地点的社区来决定的。

执行任务时，组织必然和执行同类任务的其他组织，采用类似的组织结构甚至管理方法。例如，尽管我们对有关美日两国企业管理方式的差异耳熟能详，事实上，这两国大企业的部门功能划分却相当类似，与德国或英国的大公司没有多大差异。同理，不管在哪里，医院总是同一个样子。至于学校与大学、工会组织、研究实验室、博物馆、歌剧院、天文观测站甚至大型农场，情形也一样。

此外，每个组织特有的价值系统，也是由该组织所执行的任务决定的。全世界每家医院都应该以提供医疗服务为终极目标；全世界每一所学校的成立宗旨，大概都是提供学子学习的场所；至于全世界的每一家公司，则无不以生产、销售产品或服务为最终目的。毕竟，如果要提高执行任务的绩效，组织必须要让它的成员相信，他们所执行的任务对所处社区及社会是有贡献的，也是这个社区及社会高度依赖的。

因此，组织文化总是超越所在的社区。如果某个组织的文化和所在社区的价值观起了冲突，它一定要想办法超越，否则该组织就无法对社会有所贡献。古谚云："知识是没有界限的。"

自从第一所大学在750年前成立以来，"市民和学术界"的冲突就从未停止过。而这一类型的冲突——组织为实现任务而产生的对自治的需求同社团的主张之间的冲突，组织的价值观与社区的价值观、组织所面临的决策和社团的利益之间的冲突，在组织化的社会中依然被继承下来了。

组织与社会责任

社会责任同样是组织社会里不可或缺的本质之一。现代组织拥有而且必须拥有很大的社会权力。它需要这样的权力以执行其用人决策，包括雇用什么人、开除什么人以及让什么人升迁等。它需要很大的社会权力去制定各种规定及规范，以便为组织创造令人满意的绩效，包括指派工作与任务以及制定工时规定等。它需要社会权力来决定该在何处盖一座新工厂，以及该把哪一座旧工厂关闭。它也需要社会权力来制定产品价格等。

非商业性组织拥有的社会权力，远比商业性组织更大。历史上很少有其他组织能够像今天的大学一样，被社会赋予这么大的权力。大学拒绝某人入学或授予其学位，相当于将此人排除在求职之路与机会之门外。同样地，美国的医院有权拒绝承认某位医生的资格，也就等于拥有不让该医生实现其行医济世意愿的权力。工会拥有的社会权力也很可观，只有通过工会审核的人才能成为学徒，或成为工会会员后，工人才能到有工会组织的"封闭性工厂"（只有工会会员才能受雇）就业。

组织权力过大时，可以通过政治力量加以制衡。政府可以通过制定一定的流程，或交由法院审理等手段，发挥对组织的制衡作用。不过与其运用政治权威一视同仁地干预所有组织，不如依个案方式处理为佳。后资本主义社会大力鼓吹企业组织善尽其社会责任，目的即在避免来自政府的压力。

美国经济学家、诺贝尔奖得主米尔顿·弗里德曼极力宣扬"企业仅负有创造经营绩效责任"的主张。很多人也附和这种说法。其实讨论这样的观点是没什么意义的，我们应该这样说，创造经营绩效是企业的**首要责任**。事实上，一个不赚钱或收支不能平衡的企业，可以说是一个不负责任的组织，因为它在浪费社会资源，经营绩效是一切的基础，没有它，企业不可能履行其他任何责任，不可能成为员工心目中的好雇主、不可能成为所在城市的好市民，也不可能成为社区居民眼中的好邻居。办好教育是学校的唯一责任，医院则以致力于提供一流的医疗服务为其唯一责任。但经济业绩不可能是企业的唯一责任，正如教育成绩不是学校的唯一责任，治疗成果不是医院的唯一责任一样。

权力一定要受到责任的制衡，否则就会形成专断独行。尤其是，一个不必负责任的组织，常导致其绩效日益低落。现代组织最不能容忍的就是没有绩效。因此，社会要求组织负担社会责任的呼声不仅没有消失，反而会日益提高。

尽管只能提纲挈领，但我们还是知道如何回答有关社会责任的问题：对那些受到组织影响的员工、环境、顾客甚至于组织接触到的任何人或事，任何组织都应该负起全部责任，这也就是组织的社会责任。我们也知道，无论营利或非营利组织，现代社会越来越期望它们负起帮助解决社会问题的责任。但我们的期望最好不要太高，因为组织拥有良善的意图，不见得表示该组织会毫无保留地履行其社会责任。如果某个组织接受社会赋予它的社会责任（更不用说积极去履行了），或同意去做该组织根本做不来的事，却因此妨碍该组织执行其主要任务，或妨碍该组织实现其既定使命，就表示该组织是一个不负责任的组织。

组织是经由特定目的而成形的

组织已经成为一般人日常使用的语汇了。当有人说"在我们这个组织中，每个人都要以顾客为中心"或"在这个组织中，人们永远记得你犯的错误"时，我们都会心领神会地点头。

而且在任何一个发达国家中，绝大多数（如果说还不是全部）社会性职能都在组织内或者通过组织来完成。然而直到"二战"之后，在美国，没有一个人（也没有一处地方）在谈论"组织"的概念。1950年版的《简明牛津词典》甚至没有列出该词的现代含义。直到"二战"之后，管理学开始兴起，即我称之为"管理革命"的历史阶段，我们才得以认清，原来组织与其他社会机构是有区别的，是有其特殊属性的。

不同于社区、社会或家庭，组织是经由有目的地设计而形成的，而且通常专精于特定任务。社区与社会是借由语言、文化、历史或地理位置等特定因素，将其成员结合在一起的，组织则是借由所执行的任务结合其成员的。交响乐团不会想去医治患者，它的任务是演奏音乐，医院则以照料病患为其目的，不会想上台演奏贝多芬的曲目。

的确如此，唯有当组织专精于某一项特定任务时，才有可能展现出好的绩效。多元化经营只会对一个组织创造绩效的能力构成负面影响，从商业组织、工会、学校、医院、社区服务到教会，没有一个组织能够例外。社会与社区必须是多元的，因为它们就是环境。组织却是一项工具，和其他任何工具一样，越专门的工具，执行既定任务的绩效就越高。

由于现代组织是由专业人员组成的，而每个人专精的领域通常都很狭窄，因此组织的使命一定要透明化。组织必须专心一致地从事其既定任务，否则成员将会无所适从，仅依照其专业训练的要求做事，而不会将它应用于组织的共同任务。他们将使用在自己专门领域里通用的方式来界定"绩效"，并企图说服其他人接受他们的价值观。因此，唯有制定出一个有重心而且能为大家认同的目标，才能够培养全体成员的向心力，从而共同创造良好绩效。未制定这样一个明确使命的组织，很快就会失去其号召力，当然也就无法吸引足够的优秀人才，更不用说创造傲人的绩效了。

经理人很容易就忘了一件事：尽管选择不是很多，但当初他们多是自愿加入这个组织的，当然也有一些几乎是强迫成员加入的组织。例如，除了一小部分犹太人和吉普赛人被排除在外，好几个世纪以来，欧洲所有国家的天主教会，其成员资格都是一出生就被强迫给予的。当然，教会方面仍很小心地维持它让成员有权自愿加入与否的假设（也总是可以看到精心保存下来的自由选择的幻想）：在施行新生婴儿的受洗仪式时，神父仍会行礼如仪地询问婴儿有无成为教友的意愿。

同样地，成员要离开一个组织有时也很困难，如黑手党（Mafia）、日本的大公司及耶稣会（Jesuit）等，但可能性总是有的。当组织越朝知识型组织发展，也就是雇用更多知识工作者时，成员越容易来来去去。果真如此，那些能力强的知识工作者就会成为组织竞相争取的对象，因为他们将是组织最重要的资源。

组织与成员的新关系

时至今日，所有组织都经常对外宣称："员工是我们最大的资产。"可惜很少有组织落实执行，更不用说打心底相信这句话的意义了。也许它们没有意识到，但是大多数组织至今仍相信19世纪时雇主的想法："员工需要我们，更甚于我们需要他们。"事实上，组织必须像推销产品和服务那样推销自己，甚至还要更加努力。它们必须吸引人才，并且为人才提供令其满意的服务。

知识工作者彼此之间以及他们与组织之间的关系，将与我们过去的印象完全不同。我们至今仍找不到适当的词汇来描述这种关系。例如，照字面意义来说，员工是受雇者，雇主付薪水给他们，当然有权要求他们做事。然而美国规模最大的一个"员工"团体，人数多达数百万人。在这些非营利组织工作的成员，每周仅工作几小时，从未支领过薪水。他们当然是职员（staff），也认为自己是所属组织的职员，但实际上他们却是不支薪的志愿工作者。同理，许多人做的是员工的工作，然而从法律层面来看，他们却不是员工，因为他们未受雇于任何人。如果是在五六十年前，我们可能称呼这批已受过高等教育的许多（甚至可能是大多数）专业人员为"独立执业者"。如今我们称呼他们为"自我雇用者"（self-employed）。

几乎所有语言都会产生这种困扰：现存的词汇已无法表达新的意义，这意味着的确需要新词汇。然而在新词汇出现之前，对于那些在后资本主义社会中，必须进入组织才能一展所长的人来说，"自我雇用者"可能是对这类员工最好的定义了。

目前，企业界仍雇用不少员工从事听命行事的下属工作或做一些较低级的工作，如超级市场内负责结账打包的店员、医院清洁女工或送货司机等。除非这种情况有所改变，否则上述新定义的影响层面仍然有限。从实践面来看，这些人从事的工作，和现在的薪水阶级员工，以及和他们的前身，也就是过去的"工人"所做的事情相比，其实并没有多大差别。这正是现代社会面临的主要社会问题。

目前，知识工作者的人数至少已占总就业人口的1/3，甚至快接近

2/5 了。和志愿工作者与非营利组织之间的关系一样，这些人和组织之间的关系是非常不同的。有组织时，他们才有工作做，因此他们相当依赖组织，但是与此同时，他们却拥有生产工具：他们的专业知识。从这一点来看，他们又是一批流动性甚高的独立工作者。

知识工作者本身也需要生产工具。事实上，社会投资在培养知识工作者学习熟练运用其生产工具的金额，可能已超过历来在训练制造工人使用生产工具方面的投资金额。（例如在这类社会投资中，教育经费显然是其中的大宗，社会对知识工作者投入的金额，往往是对制造工人投入金额的好几倍。）但是，这类投资很可能毫无生产力，除非知识工作者将其知识同工具相结合，成为不可分离的一体。工厂里的机器操作员听命行事，但是机器本身已经决定了他能做什么以及如何做。知识工作者当然也需要机器，如一台计算机、一台超音波分析仪器或一架望远镜。然而机器不会告诉知识工作者要做什么，更不可能告诉他们如何做。因此，专业知识乃附属于知识工作者身上，没有这些知识，机器将完全没有生产力。

甚至于从古到今，包括机器操作员在内，上一级主管一向可以教导工人做什么、如何做及做多快等，但知识工作者却很难被监督、管理。除非主管懂得更多相关专业知识，比知识工作者还要专业，否则主管在组织里基本上没有用处。营销经理当然有责任告诉市场研究人员，公司希望知道市场对新产品设计的反应以及在某个市场区隔应如何定位。然而告诉公司总裁，进行市场研究需要公司配合哪些行动、将来如何进行乃至于调查结果该如何解读等，却是市场研究人员的任务。

20世纪80年代，美国企业界进行一场大规模的组织重整运动，结果造成数以千计甚至数以万计的知识型员工失业。他们所属的公司不是被收购、购并，就是被总公司合并，甚至被裁撤掉了。然而在短短几个月内，他们又找到了新工作，再度回到工作岗位贡献他们所拥有的专业知识。尽管约有一半案例显示，新工作的待遇不如以往，甚至工作起来不怎么愉快，然而从这次转换工作的过程中，这些被裁的技术人员、专业人员及经理人却发现一个事实，他们拥有资本——他们的专业知识，就是经济学里所说的生产工具。另一个发现是，组织也拥有生产工具，而这两者是互相依赖的。

自从这种新关系产生之后，我们看到一个结果，也是现代社会面临的紧张关系之一：企业已经无法用支票买到员工的忠诚度了。争取员工忠诚度的新途径是，组织必须为知识型员工提供最好的机会，让他们在工作岗位上获取高度成就感，如此才能让他们对组织忠心耿耿。不久以前，我们还使用"劳动力"（labor）这个名词，近年来，企业界已越来越习惯使用"人力资源"（human resource）。望文生义，这个用语将提醒我们，今后组织雇用的个人，特别是那些技能纯熟、拥有丰富专业知识的人，将决定组织能从他们身上得到多少贡献以及组织可以从他们的知识中获得多大的收益。

工作团队是未来的组织形态

由于现代组织是由知识型专业人员所组成的，因此无论同事还是伙伴之间，组织内一定要讲求平等，没有哪一个知识领域高于另一个知识领域。组织成员的绩效，要看他们对整体任务的贡献度而定，而任务本身也没有重要性高低之别。因此，现代组织不应该设计成有上司和下属的关系，而应该设计成工作团队。

工作团队只有三种类型。第一类工作团队的性质类似于网球的双打搭档，规模必须很小。在这类团队中，每一位成员必须配合其他成员的性格、技能、长处及缺点，做自我调整。第二类工作团队的性质类似于欧洲的橄榄球队或足球队，每一位队员有固定的位置，但随着整个球队同时移动（守门员除外），或往前攻击或后退防守，保持相对固定的队形。第三类工作团队的性质是美国的棒球队或交响乐团，在这类工作团队中，每一位成员都有固定的位置。

在特定时间内，组织只能从事一种游戏，而执行任何一项任务时，组织也只能采用一种工作团队。至于应该采用哪一个团队，乃至于该选择哪一种形式的团队去执行任务，恐怕是组织中风险最高的决策了。在组织的日常事务中，很少有比促成工作团队转型（改变团队类型）更困难的了。

传统上，在开发新产品或研发新模型时，美国企业大多利用棒球队式的工作团队。简而言之，研究部门将成果传递给工程设计部门；后者完成设计后，再交给制造部门；制造部门再把制成品运送给营销部门。会计部门通常在制造阶段进场作业。只有发生真正的危机时，人事单位才会出面处理，甚至连出现这种状况时，也常常看不见人事主管的踪影。

日本制造商重新设计了新产品开发的架构，而这个作业流程非常像欧洲的足球队。在这个工作团队中，所有功能都有既定任务要执行。和上述团队不一样的是，从一开始，所有功能就合作无间。就像整个足球队随着球前进、后退，所有功能也随着任务的进展同步运作。日本人花了15年的时间，才学会如何运用这类工作模式，然而一旦他们学会了这项技巧，立刻将开发流程所需的时间缩短了2/3。在这之前，开发一款新车需要5年，如今包括丰田、日产及本田在内的日本汽车制造商，只需要1.5年的时间，再加上优良的品管，就让日本车在欧美市场占尽上风。

某些美国制造商开始仿效日本模式，重新设计新产品的开发作业流程。以福特汽车公司为例，从20世纪80年代初期开始，该公司就积极采取行动，10年后，也就是90年代初期，该公司已经有显著进步，不过还赶不上日本人的脚步。改变团队形态的困难度远超过经理人的想象，因为这项工作涉及逆学习（unlearning）过程。这意味着公司必须放弃好不容易才学会的技能、已经养成的工作习惯以及多年来钟情于现有工艺技术与专业能力的那份感情等。而经理人一向珍惜的人际关系，可能是他们最难割舍的东西，这意味着人们必须放弃他们一向看作属于"我们社区"或"我们一家人"的东西。

然而想要创造出更高的绩效，组织必须以团队模式重新设计执行任务的结构。在19世纪最后几年，现代组织刚刚兴起的时候，唯一能模仿的对象就是军队组织。1920年亨利·福特工厂里的装配线作业模式，和1870年普鲁士的军队组织成员做的事情都差不多，只有一小撮人知道相关军事情报，完全是一种指挥控制型的组织。其后绝大多数企业以至于其他类型机构，也都以军队组织为蓝本。不过情况正快速改变，当越来越多的组织转型为知识导向组织时，就必须改为采取足球队或网球双打式的工作团队。另一种说法是，未来的企业将转型为责任导向组织，所有成员必须扮演负责任的决策者角色。换句话说，所有成员都要视自己为"管理者"。

果真如此，管理的工作还是少不了。管理层扮演的角色可能如"家长教师协会"（Parent-Teacher Association）一样，偶尔到美国郊区学校视察一下，也可能像军队组织、大企业、工会或学校的全职经理人一样，必须照料一个人数众多、生存环境险恶的大型组织。不论是哪一种，一定要有人做决策，否则组织根本不会产生任何绩效。从组织使命、精神、绩效，一直到最终成果，一个组织里必须要有人对这些事情负责。社区、社会及家庭或许有"领导者"，唯有组织一定要有"管理层"。（更重要的是，）在现代组织中，管理阶层或许有相当的权威，然而它们的主要任务不是指挥和命令，而是激励和鼓舞士气。

结　　论

组织社会的兴起是史无前例的，组织社会的绩效能力同样也是史无前例的。这一方面是因为：构成该社会的每个组织都是高度专业化的工具，其原始设计就是要执行特定任务；另一方面是因为：每个组织均以"有效组织及运用知识"为建立组织的基础。此外，伴随着组织社会的压力与问题也是史无前例的。并不是每个问题都很严重，事实上，我们老早就知道处理其中某些问题，例如社会责任的课题。然而有些问题就令人头疼了，对于这些问题，我们不仅不知道正确的答案，甚至不知道如何提出正确的问句。

例如，社区需要稳定与持续的安定，组织却必须扮演创新者的角色，从而形成不稳定的环境。这两者互相冲突，造成双方的紧张关系。"知识分子"与"经理人"是有区别的，两种人社会都需要，前者创造知识，后者应用知识并创造生产力；前者关注的是语言与观念，后者则注重人员、工作与绩效。存在着可能会对组织化的社会的要害基础（知识基础）构成的威胁。危险来自日甚一日的过度专业化的倾向，亦即从知识向知识集群的转变，最严重的挑战来自当代社会所表现出来的多元化倾向。

600多年来，从来没有一个社会像今天我们所处的社会一样，拥有那么多的权力中心。其实中世纪就有多元主义的思想了，当时的社会充斥着数百个互相竞争的自治权力中心；封建土地的领主与骑士、免负义务的主教、自治的修道院以及不受任何政治权力管辖的"自由邦"等。奥地利的帝罗尔地区甚至还有只需向皇帝朝贡，不必理会任何人的"自由农民"。另外有手工艺工匠的同业公会，比如汉萨同盟（Hanseatic Merchants）㊀以及由佛罗伦萨商业银行业者组成的跨国贸易联盟组织，收取规费租税的税吏，拥有立法及征税权力的地方性"议会"，任何人都可以花钱雇用的佣兵，还有很多很多。

近代欧洲史（日本的情况也一样），可以概括描述为一个中央权力中心（先是"君主"，继之为"政权"），四周围绕着无数隶属于中央、彼此相互竞争的附庸权力中心的发展史。到了19世纪中叶，除了美利坚合众国，所有发达国家均以单一政权政府形态立国。在宗教及教育组织方面，美国仍保有多元主义色彩。事实上，去掉多元化是近600年来西方能够取得"进步"的原因。

然而，就在单一政权国家形式似乎已确保其稳定局面的时候，新组织，也就是大型企业组织出现了（每当人类宣称某段历史结束的时候，总

㊀ 中世纪北欧城市结成的商业同盟组织，以德意志诸城市为主。——译者注

是会出现重大的事件，这是很自然的发展）。于是乎，新组织如雨后春笋般一个接着一个冒出来。诸如大学等一些拥有悠久历史的组织，又开始走回自主管理的老路子（也有一些例外，例如在中央政府的控制下，欧洲的大学仍安之若素）。讽刺的是，20世纪的极权主义，仍奉行仅允许一个单一权力中心与单一组织的信条，而非追随全世界其他国家所追求的多元主义（也就是容许有很多互相竞争的高自主性组织）。这个世界仍有一小股力量，企图抓住那个蹒跚而行的旧趋势的尾巴。

它们已经失败了，这是众所周知的事实。然而，代表中央威权的组织乃至于其所属整个体制的崩解，对随后多元化社会的兴起，并未产生任何启发作用。我们拿下面一个实例来说明，许多人都听说过，更正确一点说，都误听过这个故事。

终其一生，查尔斯·威尔逊（Charles E. Wilson）在美国一直都是声名显赫的重量级人物。他从最初担任通用汽车公司总裁时开始崭露头角。当时，该公司是全世界规模最大、最成功的制造公司。后来，他又担任艾森豪威尔时代的国防部长。但是如果后世还记得威尔逊的生平事迹，多半指的是他未曾说过的"对通用汽车公司有用的，对美国也有用"这句话。事实上，1955年，在接掌国防部长职务的就任演说中，威尔逊说的是："对美国有用的，对通用汽车公司也有用。"

终其后半生，威尔逊一直都很努力地想要纠正这个错误，可惜没有人听得进去。所有人都心想："他没有说过那句话吗，他一定是相信那句话的。事实上，他'应该'是相信那句话的。"因为如他所说的，不管是企业、大学、医院，还是童子军，任何一个组织的主管都必须相信，他们所属组织想要实现的使命与从事的任务，就是这个社会中最重要的使命与任务，也是所有事物最根本的基础。如果他们不相信的话，他们的组织很快就会失去对自己的信念、自信心、自尊心，更不用说执行既定任务了。

发达社会能否发挥其多元化特色及最大长处，完全取决于社会中的组织是否以专业化单一任务模式来设计其结构。自从工业革命以来，特别是过去的50年，我们确实是朝着这个方向努力迈进的。虽然整个社会就此欣欣向荣，但是从单一组织的角度来看，它们之所以能够有效执行任务，完全是因为具备了高度自主性与专业化的特色。具体来说，这些组织乃是根据组织本身范围非常狭窄的使命和价值观在运作，而非根据与社区或社会有关的任何考虑。

于是，我们还是得回到这最古老的多元化社会问题，而且这些问题从未获得解决：谁来照顾整个社会的公共利益？谁来界定它的范围？如果个别社会机构所追求的目标和价值，因为彼此竞争而发生冲突时，谁来制衡呢？如果非要有所取舍时，谁来做决策，决策基础又是什么呢？

中世纪的封建制度被单一政权体制取代，就是因为封建制度没有办法解决上述问题。然而到了今天，单一政权体制又被一种新的多元主义形式所取代，还是同一个原因：这种体制既无法满足社会的需要，也无法有效执行社区必须执行的任务。归根到底一句话，从中世纪实行多元主义的失败经验，到施行具有无上权力、无所不管的政权体制的失败经验中，人类需要学习的最基本功课，仍然是要回答上述几个问题。如今我们（特别是像美国这种实行自由市场民主制度的发达国家）要面对的重大挑战，无非是要研究出一种方法，让那些多元化的高自主性知识型组织，在追求提高组织绩效的同时，也能兼顾强化整体政治及社会凝聚力的课题。

CHAPTER 10 | 第 10 章

企业可以向非营利组织学习什么[⊖]

女童子军、红十字会以及教会等非营利组织，已经成为今天美国管理实践的领导者。大多数美国企业经理人仍停留在谈论阶段的两个领域：战略以及董事会的效率，这些非营利组织早已身体力行。至于一些极为关键的领域，包括如何激励与提高知识工作者的生产力等，非营利组织更是不折不扣的先驱者。这些非营利组织制定的政策与实际实行的做法，的确值得企业界虚心求教。

很少人知道，目前非营利组织已经是美国最大的雇主，每两名美国成人中，就有一个人参与志愿者的工作。这批为数超过 8000 万人的志愿者群，每周至少为一个或数个非营利组织奉献 5 个小时的工作时间，相当于 1000 万个全职工作。如果以最低工资来计算他们的薪水，最保守估计也需要将近 1500 亿美元，相当于美国国民生产总值的 5%。志愿工作的性质变化也很快。没错，许多志愿者的工作内容并不需要特殊

⊖ 发表于 1989 年 7～8 月。

技能或专业判断，例如，每年抽出一个周末下午的时间帮助社区筹募基金、陪着家中小女生挨家挨户地推销女童子军组织烘焙的饼干以及开车接送老年人就医等。然而，越来越多的志愿者已经演变为"不支薪员工"，逐渐取代了所属非营利组织中的专业人员，甚至取代了他们的管理任务。

当然，并不是所有非营利组织的表现都这么优越。不少社区医院因为经营不善，已经到了无以为继的地步。传统教会乃至于自由派、保守派、福音派与基本教义派等各种宗派组织，都面临会员逐渐流失的窘境。事实上，过去10~15年，非营利组织的志愿者人数并没有增加；如果把美元因通货膨胀而贬值的因素算上的话，募款金额也没有增加。然而，从这类组织的生产力、工作范畴以及它们对美国社会的贡献来衡量，过去20年来，我们的确看到了显著的成效。

救世军（Salvation Army）就是一个很好的例子。在佛罗里达州，初次犯罪而被警察逮捕的年轻人，多半来自家境清寒的西班牙裔或黑人家庭。如今法官把他们当假释犯直接交给当地的救世军监护，每年多达2.5万人。根据统计数字显示，如果这批人入狱服刑，其中大部分人都会变成惯犯。然而通过救世军志愿者提供的更生计划，在严格的要求下学习工作技能，其中约有八成人被证实已改过向善。和把他们关进监狱所需要的费用比较起来，这笔开销实际上极其有限。

这个更生计划，以及其他非营利组织许多执行效果奇佳的计划，背后所代表的意义是这些组织的领导人对管理的全力支持。然而在20年前，还没有人敢在非营利组织里谈"管理"这个太过世俗的东西。提到管理，就让人联想到做生意。而让非营利组织引以为傲的，就是它们一向未受到营利主义的玷污，它们认为自己应该超越如盈亏考虑等世俗层次的想法。如今大多数非营利组织已经意识到管理的重要性，和企业相较之下，甚至有过之而无不及，这完全是因为其中的管理者从未受过盈亏方面的训练。当然，非营利组织仍需秉持"行善"的一贯宗旨，然而它们也应该了解，好心肠不能替代优越的组织能力、领导统御、责任制度、工作绩效及令人满意的成果，这些都需要领导人实施上轨道的管理。而管理的第一步工作，就是拟定组织的使命。

使命的强大影响力

一般来说，非营利组织的负责人比营利事业的负责人更有金钱意识，因为他们一天到晚在担心经费问题，一方面因为募款越来越困难，另一方面因为他们总觉得经费不够用。然而他们并不像管理者那样，不论制定策略或执行计划，总是优先考虑经费问题。某位兼任某大企业最高主管与某非营利机构负责人的知名人士说道："在我供职的企业中，一切计划始于财务利润的计算，而在非营利机构中，计划始于使命如何完成。"

从制定使命与了解需求着手，可能是营利事业能够向杰出的非营利机构学习的第一个功课。确认使命与需求有助于让组织专注于特定行动、拟定能达成既定目标的具体策略、建立一个有纪律的组织甚至能防止组织退化。组织退化是大型组织常见的毛病：总是把有限的资源浪费在一些"看起来蛮有趣"或"看起来可能有利可图"的事情上，而忘了应该专注于少数能够为组织创造真正贡献的领域。

为了界定组织使命,杰出的非营利机构都投注了大量心力。它们不会制定出面面俱到、希望做尽人间所有善事的使命。相反地,它们制定的目标既简单又明确,让负责执行的职员与志愿者可以毫无困难地遵循。以救世军为例,该组织的使命即为"帮助被社会弃绝的人(酗酒者、罪犯、游民等)过正常生活"。女童子军的成立宗旨为"帮助少女建立自信,让她们成为自重且尊重他人的能干的女性"。自然保育协会(Nature Conservancy)企图保护那些日渐稀少的动植物。在界定使命时,非营利机构总是把眼光朝外看,例如大环境、社区乃至于潜在的"顾客"等。反观美国企业则习惯从内部着手,例如组织本身或它的财务收益。

位于伊利诺伊州芝加哥城外南巴灵顿市的柳溪社区教会,已经成为全美国最大的教会,经常来该教堂做礼拜的教友多达1.3万人,然而该教会才刚满15年。当年,20多岁的比尔·海伯斯(Bill Hybels)决定在南巴灵顿市创立一个新教会,就是看重当地的发展潜力:尽管当地已经有不少教会,经常上教堂做礼拜的人却不多,而当地人口数正快速增加中。他开始挨家挨户地询问当地居民:"你们为什么不上教堂做礼拜?"根据这些回答,海伯斯着手盖了一座恰好能满足当地居民需求的教堂。例如,该教会星期三晚上提供全套主日学课程,因为许多家庭的父母亲平常白天要上班,而星期日上午会用来陪小孩。教会成立之后,海伯斯继续倾听教友的声音,并做出回应。例如,牧师在台上讲道时,义工们就在下面帮忙录音,牧师讲道完毕时,许多卷录音带也录制完成。教友步出会堂时,即可随手拿走一卷录音带,供他们在车上反复聆听。海伯斯这样做的原因,是因为有人反映说:"我希望在开车回家或上班的途中再三聆听牧师的教诲，以便能切实身体力行。"海伯斯也听到这样的意见："牧师总是宣扬改变生活的大道理，却从未告诉我们该怎么做。"于是每次布道完毕，牧师一定会提一些具体可行的建议。

就像一张备忘录一样，界定明确的使命可以经常提醒人们跳出组织既有的框框往外看；不仅要看"顾客"，更要寻求成功之道。非营利组织经常出现这样的情况：领导人制定了良善的宗旨，就以为一定能创造出好结果，久而久之就自满起来。正因为如此，成功和卓有成效的非营利机构已经学会了如何用组织之外的变化作为成功的清晰界定，并且专注于如何取得业绩。

美国西南部一家大型天主教连锁医院的成功经验，正好可以告诉我们，为什么要经常重新审视组织的原始使命及为什么要重视努力的成果。

过去 8 年来，医院引进符合新标准医疗设备上的开支，以及提供医疗服务方面的经费均相对增加。尽管如此，这家医院却能够增加 15% 的营收，从而达到收支平衡。该医院为什么能做到呢？因为那位修女院长清楚地了解，她和所有在她医院服务的职员，是置身于提供医疗服务（特别是对穷人）的事业，而不是在经营一家医院。

因此 10 年前，当医疗服务的运作趋势因为医疗服务事业本身因素（而非经济因素）的影响，与经营医院的方式渐行渐远时，该医院不仅未尽力抵挡这个潮流，反而尽量自我调整，期望能跟上这个趋势。具体来说，该医院斥资成立了许多针对无须卧床病患的独立诊疗中心、X 光与临床实验室网络及 HMO⊖等。该医院的信条是："有助于维护患者权益

⊖ 健康维护机构，对缴纳会费的会员提供住院、检查、看护等医疗服务的会员制团体。——译者注

的措施,我们一定尽力办到,然后我们要设法让它成为划算的投资,这就是我们的责任。"矛盾的是,自从实行新政策之后,该医院反而能够自给自足。该医院新成立的独立诊疗中心相当受民众欢迎,病患不断前来复诊,从而为医院创造了一批稳定的"顾客"。

当然,和日本的成功企业相比,前面介绍的非营利机构营销策略并没有任何特殊之处,但是与大多数西方国家企业的想法、做法比较起来,就有显著的不同了。简而言之,该天主教医院与日本企业是从界定明确的使命开始,而不是以考虑自己的回报率为出发点的。从这个使命再考虑如何顺应外部环境,也就是市场,从而光荣地获取高回报率。

最后,一个界定明确的使命有助于激发组织成员的创意,并能让更多成员了解"敢于违反传统"的真谛。以雏菊女童军(Daisy Scouts,女童子军组织专为5岁女童成立的分支机构)为例,75年来,想要加入幼年女童军(Brownie troop)的起码得是小学一年级学生,各地女童子军组织的负责人大多坚持这个规定。但也有一些分会成员观察到人口结构的改变趋势,看到越来越多的职业妇女为了照顾所谓的"钥匙儿"而伤透脑筋。他们更进一步观察到,拜电视之赐,这些小孩远比他们上一代成熟世故得多。

时至今天,雏菊女童军的人数已达10万人,而且快速成长中。值得一提的是,过去20年来,许多针对学龄前儿童实施的托育方案,包括政府机构花了大笔经费实施的计划在内,雏菊女童军是目前最成功的一个。更值得一提的是,它是迄今为止唯一一项注意到具有决定意义的人口统计数字变化的项目,它的出色之处在于从前者和儿童沉溺于电视节目的不良习惯中找出了自己的发展机会。

有效运用董事会的功能

如今，许多非营利机构都有一个真正能发挥功能的董事会组织，这即使在企业界都很难办到。更难得的是，这些非营利机构都有一位"最高主管"，对于事先明确界定的职责，这位最高主管必须向董事会报告执行绩效，并由董事会每年进行一次考核。同样难得的是，每年董事会的绩效也要进行一次检讨，与本年度制定的绩效目标相比较。因此，有效运用董事会的功能，便成了企业界应该向非营利组织学习的第二个功课。

根据美国法律，董事会仍然被视为企业组织的"管理"机制。过去20年来，从迈尔斯·梅斯（Myles Mace）开始，管理学者也赞同董事会应发挥其强大功能的论点，并深入探讨董事会对组织运作的影响。[1] 尽管如此，超过半个世纪以来，美国大企业的最高管理层一直在削弱董事会的作用、权力和独立性。而过去数十年来，企业界发生的每一宗重大失败案件，董事会几乎都是到了最后一刻才被告知。想要认识一个真正有效运作的董事会组织，我建议经理人最好舍企业界而到非营利组织来寻找。

造成非营利组织与营利组织在董事会运作方面的偌大差异，有一部分是历史原因。传统上，在非营利组织里，董事会一直或至少尝试负责组织的经营。然而演变到后来，越来越多的董事会把经营责任逐渐交给专业经理人，这完全是因为非营利机构的规模成长得太快，而且越来越复杂，已经很难仅由一群兼职人士，靠每个月开一次3小时的会议来维系正常运作。美国红十字会恐怕是全世界规模最大，也是最复杂的非官方机构。该组织负责全世界的救难工作、管理数千个血库及存放于全球各大医院的骨髓库与待移植皮肤库；在世界各地定期举办有关心肺复苏术与人工呼吸技巧方面的训练课程，并且在数千所学校举办急救训练讲习班。然而直到1950年，该组织才从外界聘请付薪的经理人，而该组织第一位专业最高主管，更是到了里根政府时代才出现的。

如今，大多数特别是那些规模庞大的非营利机构，已经普遍引进专业管理团队。然而，不管专业管理团队再怎么普遍，非营利机构的董事会也不会像企业界那样，削减董事会功能造成大权旁落。不管非营利机构的最高主管多么希望能大权独揽（不少人确实有这种奢望），董事会也绝不会只扮演橡皮图章的角色。钱是原因之一，股票上市企业的董事会成员，很少是该公司的大股东。非营利组织就不一样了，非营利机构的董事绝大部分都是捐款大户，这也是非营利组织固有的传统。同样重要的是，这些董事捐款给非营利机构，都有其个人原因。除非真正关心教会事务或教育成效，没有人会捐大笔钱给教会及学校，甚至于担任董事职位。更甚者，许多董事本人已经担任志愿者很长一段时间了，对组织事务有很深入的了解，这与企业从外界聘请知名人士担任董事的情形有很大差别。

正因为非营利机构的董事会成员对组织如此投入和积极，因此他们与最高主管发生龃龉或争吵的概率就特别高。最高主管抱怨董事会"干预"事务，董事会成员则抱怨最高主管企图"夺权"。这种现象迫使越来越多的非营利机构认识到一个事实，即董事会与最高主管都不是"老板"。双方乃是为追求同一目标共同努力的同事关系，只是两者的任务性质不同而已。同时他们也发现，最高主管有责任界定自己的任务，董事也有责任界定其特殊任务。

例如，美国西岸西北部有一个大型电气合作社组织，就在董事会下成立了 10 个委员会，每位董事负责其中的 1 个。各委员会（即该名董事）专责不同的事务，如社区关系、电费费率、人事及服务标准等。该合作社还有一位无薪酬的董事长和一位有薪酬的最高主管。这 10 名董事每年要花 5～8 天的时间，定出未来 1 年与 3 年的工作目标，连同需要执行的工作。董事长每年都要审核各董事的工作与绩效，如果某位董事连续两年工作表现欠佳，连任资格就会被取消。此外，董事长及其他 3 名董事还有另一项工作：每年考核董事会乃至最高主管本身的工作表现。

从前例经验来看，董事会能否有效运作，重点不在于它本身的功能，而在于如何更有效地分工。越来越多的非营利机构已经做到这一点了。其中包括 6 所中等规模的文科大学、1 所知名的神学院以及若干大型教学医院与博物馆等……讽刺的是，这样做不过是重现 300 年前哈佛大学监督委员会（美国第一个非营利组织成立的董事会）的原貌而已。该委员会指派各委员以督导委员（visitor）的身份，专责督导特定领域的任务，如医学院、天文学系及捐款投资运用等。各委员扮演双重角色：工作职责包括了解情况和评估成绩。在美国的学术圈中，大家一致公认，只有哈佛大学的董事会才算是独具风格的。

许多学者已经指出，大公司中董事会地位的削弱从根本上说将会削弱管理层自身，虽然从表面上看后者在权力的此消彼长中获益。这是迈尔斯领先发难，其后许多人相继认同的论点。具体来说，如果董事会的职权被削弱，反而会减少管理层对工作绩效与成果所应负担的责任。事实上，规模庞大的企业，正需要董事会发挥功能，定期考核最高主管是否达成既定绩效目标。我们也预测，如果企业的董事会职权被削弱，一且遭遇到被吞并的危机而需要强力后援时，势将求助无门。近年来报纸杂志不断报道有关恶意购并的消息，而且购并者多半能够得逞，不正是因为如此吗？

为了重振管理层的管理能力，企业界有必要让董事会重新发挥应有功能，这也是最高主管应该担起的责任，而且企业界也已经开始尝试这么做了。稽核委员会是一个很好的出发点，大多数公司已经让董事会中的稽核委员会发挥其正常功能，而不只是摆个样子而已。另外，已经有少数公司的董事会成立了小型直属委员会，专责高级主管的接班与养成课题，并定期和资深主管讨论他们的绩效与工作计划。可惜几乎还没有任何大企业开始这样做，据我所知，目前也没有任何公司订有董事会成员分工计划，更没有任何公司定出考核董事会绩效的办法。最后，极少有公司能够像许多大型非营利组织一样，系统化地栽培新董事会成员。

需求、训练与责任

非营利机构过去常说："由于志愿者是不支薪的，因此我们不能太严格要求他们。"如今他们则倾向于认同下面这种说法："正因为志愿者不支薪，他们反而更需要从工作成就，乃至于对组织付出更多贡献的过程中，获得更大的满足感。"事实上，志愿者的性质从一个乐于行善的业余工作者，逐渐蜕变为一个受过良好训练、具备专业知识的不支薪工作人员，这正是非营利机构经历的一个重要发展，也将对未来企业经营产生极为深远的影响。

就这一点来说，美国中西部一个天主教教区内的教会，可能有很多值得企业借鉴之处。如今派驻该教区的神父和修女，人数还不及15年前的一半，然而该教会做的事情却比以前更多。以帮助无家可归者及滥用药物者为例，所协助的人数就比以前多出一倍有余。该教会仍有许多传统的志愿者，如负责布置鲜花，隶属于"圣坛植物团体"（Altar Guild）的会员。然而该教会早已扩大到拥有大约2000名兼职工作人员的规模。这批不支薪的生力军负责发放赈济品、教会学校的行政工作、组织青年活动、大学新生俱乐部甚至某些收容所等。

位于弗吉尼亚州里士满市的第一浸信教会（First Baptist Church），也经历了类似的转变。该教会是美国南方浸信会系统中历史最悠久、规模最大的教会。5年前，当彼得·詹姆斯·弗莱明（Peter James Flamming）博士接掌第一浸信教会时，该教会和其他位于旧市区的典型古老教会一样，正面临教友人数锐减、多年不见起色的困境。如今，在该教会领受圣餐的教友已多达4000名。该教会同时将触角延伸到所在社区以外的地区，经常举办十几种常态性公益活动，而教会内部所需的神职人员编制也补齐了，但该教会目前总共只雇用了9名支薪人员。前述4000名领受圣餐的教友当中，有1000名是不支薪的工作人员。

宗教团体绝非唯一转型的领域。美国心脏协会（American Heart Association）在全美各大小城市都设有支会，然而支薪人员仅限于少数在总会上班、偶尔出差到各地排疑解难的专业人员。各支会的志愿者负责平常的运作、雇用人手，并全权负责所辖社区的健康教育推广与资金筹募等工作。

上述非营利组织得以转型的部分原因，是为了应对现实需要。第一，非营利机构的总人数已经接近饱和（几乎占了美国成年人口数的一半），短期内不太可能继续成长。第二，非营利机构的经费似乎总是入不敷出，想要雇用更多支薪人员也不可行。如果它们想配合社区日益殷切的需求举办更多活动，就必须不断提高志愿者的生产力、给他们更多工作，乃至于给他们更多责任。然而促成志愿者角色改变的最大原动力，却是志愿者本身。

已经有越来越多的志愿者受过管理领域或特定专业领域方面的训练，包括一些50多岁提前退休的人，甚至包括一些三四十岁的婴儿潮人口。这些人不太愿意只做帮手或打杂的工作。在自己的工作领域里，他们是知识工作者，以贡献知识维生；当他们想要服务社会，而进入非营利机构担任志愿者时，同样希望扮演知识工作者的角色。如果非营利组织想要吸引并留住这批人，就得设法让他们在新工作岗位上贡献所长。换句话说，非营利机构必须提供他们从服务奉献中获得成就感的机会。

许多非营利机构已经开始有制度地吸收这类人才。例如，它们常常派一些经验丰富的志愿者，从新进人员（新加入教会或会堂的教友、帮红十字会募款的熟邻居）中筛选出有领导能力的人，说服他们担任更重要的职务。接下来，资深人员（支薪的全职人员或经验丰富的志愿者）再与他们进一步详谈，借以了解他们的长处，从而安排适合他们的工作。有时候，非营利机构也会同时安排一位导师（mentor）及督导人员，帮助新进人员尽量发挥所长。原则上，这类导师或督导人员同样由资深志愿者担任。

拥有350万会员的女童子军组织就是这样运作的。目前该组织共雇有73万名志愿者，而支薪职员只有6000人。志愿者一开始的工作通常为驾车接送女童军参加每周一次的聚会，然后由经验丰富的志愿者陪着她们和女童军一同学习挨家挨户地兜售自制饼干，或帮助幼年女童军队长通过野外露营的考验。通过这类有制度的培养过程，有潜力的志愿者即可逐步进入各地分会组织服务，最后进到女童子军最核心的机构：全国委员会。连最基础的阶段，志愿者都得参加强迫性的训练课程，各阶段训练课程的讲师亦由资深志愿者担任，每一阶段都设有特定的绩效标准与目标。

这些不支薪的志愿者到底有什么需求？他们为什么愿意持续做下去？他们当然可以随时离开。他们的第一个，也是最重要的一种需求是：非营利机构为他们提供明确也是推动整个组织持续积极运作的使命。我认识一位有两个小孩、白天在一家大银行担任资深副总裁的职业妇女。她同时也在自然保育协会担任该州支会的负责人，帮助该组织寻找、购买及管理濒临绝种的动植物生态。我问她为什么要额外负担如此繁重的职务时，她答道："我热爱我的工作，银行当然有它的价值，但我在其中不知道能对社会有什么贡献。然而在自然保育协会，我很清楚地知道我在做什么。"

这批生力军的第二种需求（事实上是要求）是训练、训练以及再训练。同样地，激励及留住资深志愿者最有效的途径，仍然是确认及运用他们的专业技能，并借由他们去训练新进志愿者。这批知识工作者的第三种需求是责任。具体来说，他们期望自行思考乃至于制定自己的工作目标。在制定、执行与组织整体及个人工作有关的决策时，他们希望积极参与，并成为被咨询的对象。从这个要求衍生出来的是，他们期望随着工作经验的累积，在上级考虑其既有工作表现与能力范围内，让他们有机会担任较高的职位，执行要求更严格的任务。目前确实有不少非营利机构，已经在规划及执行为志愿者量身定做的职业生涯规划。

支持志愿者全部活动的内在力量是责任心。今天，许多在非营利机构服务的知识工作者都提出了这样的要求：组织方面至少应每年考核一次，以了解他们的工作绩效是否达成既定目标，以及是否符合组织要求。这批知识工作者甚至提出更激进的建议，要求组织把绩效差的志愿者调离原职，安排他们从事较适合的工作，或干脆通过咨商过程请他们离职。前述美国中西部天主教会里负责志愿者管理的牧师指出："我们这里的淘汰率比海军陆战队的新兵训练营还要高。事实上，列在等候名单上的准志愿者还有400位呢！"美国中西部有一座绩效持续提高的大型美术馆，也要求志愿者（包括董事、募款者、解说员及编辑美术馆简讯的编辑人员等）定出自己的年度绩效目标，尔后每年都要接受考核；如果连续两年未达绩效目标，即需自动请辞。另一个中等规模、专门服务犹太裔大学生的非营利组织，也采取相同的做法。

尽管这批专业人员志愿者目前仍属少数，大概仅占总志愿者人数的1/10，然而他们却是关键性的少数。这类志愿者的人数不仅逐年增加，更重要的是他们对非营利组织的影响力也在逐年增加。将来的趋势或许会像一所大型教会的传道人所说："我们教会里没有化外人⊖。我们只有牧师、一小部分支薪人员及大多数不支薪的教友志愿者，这些就是我们全部的人了。"

结　　论

从上述非营利组织志愿者蜕变为不支薪专业人员的趋势，可能是今天美国社会最重要的发展了。我们听过太多有关家庭与社区机能退化、

⊖ laity，相对于神职人员，或称俗人。——译者注

消失以及关于新生代欠缺正确价值观的信息。我们当然有理由关切这个负面趋势,所幸非营利组织正涌出一股逆流,积极灌输新的社区意识、支持热情参与社区活动的新市民主义、支持承担社会责任的观念乃至于支持好的价值观。在非营利组织与志愿者的互动过程中,双方的贡献对对方的重要性是不分彼此的。而对社区而言,不管是宗教、教育,还是社会福利,非营利组织提供给社区的服务,其重要性也绝不亚于前两者。

这个发展给企业上了一课。这堂课程的主旨相当明确:"如何管理知识工作者的生产力,乃是企业必须勇于面对的重大挑战。"而非营利机构正为我们示范正确的观念及做法,包括制定明确的使命、适才适所以及促进持续的学习与经验传承、实施目标管理与自我管理及落实要求高标准且权责相符的责任制等。

这个志愿者转型的发展,同时也带给企业界一个明显的警讯。上我的课的学生都是各大企业的中高级主管,来自银行界、保险业、大型零售连锁店、航天产业、计算机公司及不动产业等,几乎什么行业都有。然而他们大多数也在非营利机构提供义务服务——当教会志愿者、回大学母校担任董事、担任童子军领导人、到女青年会帮忙、帮社区筹募基金或参加当地管弦乐团等。每当我问他们为什么这样做时,几乎都得到相同的答案:"因为在现有工作岗位上,我看不到太大的挑战、得不到什么成就感、没有足够的责任;更重要的是,在现在的工作中感受不到使命的召唤,有的只是利害权衡。"

第11章 | CHAPTER 11
新生产力的挑战^㊀

今天，如何提高知识工作者和服务工作者的生产力，已经成为发达国家经理人面临的最大挑战。这个未来数十年经理人必须面对的主要管理课题，最终将决定企业的竞争力。更重要的是，它也将决定所有工业化国家的社会结构与生活质量。

过去120年来，发达国家的制造及物品运输生产力，包括制造业、农业、矿业、建筑业以及交通业等，每年都以3%~4%的幅度成长，迄今已经提高了45倍。这些国家和人民也确实分享了这种生产力爆炸性提升的成果，包括可支配所得与购买力的大幅提高、教育与医疗服务的普及，以及拥有可供人们自由运用的休闲时间等。就后者来说，1914年之前，只有少数的贵族与"纨绔子弟"才有所谓的休闲时间，一般人一年至少工作3000小时（今天，日本人一年工作不超过2000小时，美国人一年平均1800小时，西德人一年平均1650小时）。

㊀ 发表于1991年11~12月。

然而，现在却出现了生产力长期成长趋势暂告一个段落的现象。原因并非如一般人所想象的，是因为制造和运输业的生产力下降。事实上，不论在日本、西德或美国，这些产业仍然以与过去相同的速度成长。以美国为例，20 世纪 80 年代制造业生产力的年平均成长率就高达 3.9%；以绝对值而言，还超过日本和西德的制造业。而同一时期，美国的农业生产力也以每年平均 4%~5% 的幅度成长，这也是前所未有的卓越成就。

尽管如此，生产力革命还是结束了。那是因为从事物品生产及运输的人口已经大量减少，以至于对整体生产力的提高不再具有决定性影响。不过 30 年前，发达国家中这些人还占所有劳动人口的半数以上。时至今日，这个比例已低于 1/5。即使仍属制造密集型国家的日本，也不能再期望借由制造业生产力的提升来维持其经济成长。因为日本的总就业人口中，大部分也是知识工作者或服务工作者，而他们的生产力和任何发达国家一样低。如今，美国、日本或大多数西欧国家的农业人口，仅占其总就业人口的 3%。因此，无论这些国家的农业生产力是否继续破纪录成长，对国家整体生产力提升及财富创造的影响力，已经微乎其微了。

因此，从**经济**层面而言，发达国家当前的首要任务，必然是提高知识与服务工作的生产力。在这方面抢得先机的国家，势将主导 21 世纪的经济舞台。从**社会**层面来说，发达国家当前最迫切的问题，也是如何提升服务工作者的生产力。除非解决这个社会性问题，否则发达世界的社会关系将日趋紧张，产生两极对立、激进意识甚至可能爆发阶级斗争。

在发达国家的经济体系内，只有接受过高等教育的人拥有升迁及从事知识性工作的机会，而且相对来说，这类机会将来只会减少而不会增加。也就是说，这些人将永远是少数。至于数量庞大的低技术服务工作者，他们的社会地位如同100年前的"无产阶级"一样，既贫穷、教育水平又低，而且未具备任何工作技能，只好大批移往快速发展的工业城市，如潮水般地涌入工厂勉强讨碗饭吃。

19世纪80年代初期，当时各派政治领袖无不为工业界的无产阶级与中产阶级间可能爆发的阶级斗争忧心忡忡。对于无产阶级被剥削到忍无可忍的悲惨状况将无可避免地成为阶级革命导火线的趋势，马克思绝非唯一的预言家。例如，可能是19世纪最伟大保守主义者的本杰明·狄斯累利（Benjamin Disraeli），也同样感受到阶级斗争将不可避免。善于描写美国富足社会与欧洲贵族生活的美国名小说家亨利·詹姆斯（Henry James），也感受到了这个来势汹汹的阶级革命征兆，而写下其旷世巨作《卡萨玛西玛公主》(*The Princess Casamassima*)。

然而，后来推翻上述预言的关键因素似乎显而易见，甚至于对现代人来说几乎不言自明。这个关键因素就是本文一开始提及的，从1881年起，以弗雷德里克·泰勒研究普通工人铲砂的动作为出发点，以及其后一连串关于提高生产效率研究所带动的生产力革命。当时在翻砂厂任职的泰勒，对工厂内管理阶层与工人间怀有深刻敌意的现象感到极度不安。为了避免因此产生阶级斗争，泰勒着手改善工厂工人的效率。泰勒的努力点燃了生产力革命的火花，让那些低技术与低教育水平的工厂工人，拥有中产阶级的收入与地位。

现在则是揭开另一个生产力革命序幕的时刻。这一次，历史将站在我们这一边。因为过去整整一个多世纪里，我们已经学到许多有关生产力的知识以及提高生产力的方法。基于对过去的认识，不仅足以让我们知道，发起新生产力革命的时机已到，同时也足以让我们知道该如何进行这个革命。

如何让知识工作者更聪明地工作

从研究室里的科学家、心脏外科医生、绘图员、一般商店的店长，到周末下午在快餐店帮忙煎汉堡的16岁工读生，知识和服务工作者的范围相当广泛。这个范围也包括工作性质可归属于"机器操作员"之类的职务，如洗碗机操作员、公寓大厦管理员以及数据输入人员。然而在观察生产力课题时，我们很惊讶地发现，关于"哪些因素与生产力无关""哪些因素确实能提高生产力"这两点的观察结果，竟然与知识工作者及服务工作者所具备的知识、技能、责任、社会地位与所得等因素，毫无关联。

这一次的生产力革命中，第一个让我们学到而且令我们相当震惊的事实，反而是那些与提高生产力无关的因素：资本与科技。为什么这两个因素与生产力无关呢？因为资本不能代替劳力；引进新科技也不代表生产力将随之提高。套句经济学家的用语，在物品生产与运输领域，资本与科技是"生产要素"。但是对知识或服务工作者而言，资本与科技却是"生产工具"。两者的差异是，生产要素可以取代劳力，生产工具则不一定。举例来说，某生产工具是否成为提高生产力的助力或阻力，乃取决于使用该工具的人、使用该工具的目的，或使用者的技能。例如，30年前，我们确信，企业界陆续引进计算机之后，文书及办公人员将大幅缩减。正因为我们相信生产力将大幅提升，企业界会大量采购数据处理设备。时至今天，企业界在这方面所投资的金额，与用于购置如物料处理设备之类的传统机器设备的金额，已经不相上下。然而自有信息科技以来，办公人员和文书人员的增长率不减反增。至于服务工作者的生产力，在这段时间几乎是原地踏步。

医院是最典型的例子。20世纪40年代末期，医院是劳力密集型的组织，除了医院本身的建筑物和床位，几乎不需要任何设备投资。当时许多声誉极佳的医院，甚至未引进一些当时已经能轻易取得而且用于医疗领域已有相当时日的医事设备，如X光部门、临床实验室或物理治疗。到了今天，医院更演变为资本密集型的组织。任何一所大型医院一定有超音波设备、全身扫描设备、核磁显像仪、血液及细胞组织分析机、无菌室以及一大堆最先进的医疗设备，这些都需要投入大笔经费。而每一件设备不但需要聘用更高薪的专业人员来操作、维护，原来的人员一个也不曾减少。（事实上，全球医疗费用持续飞涨，正是现代医院成为资本与劳力双重密集怪物的结果。）不过医院至少显著地提高了医疗能力，至于其他的知识或服务工作领域，我们只见到成本不断上涨、投资陆续增加与人员一再膨胀。

大幅提高生产力是脱离当前困境的唯一途径。我们必须如泰勒所说的，要"做得更聪明"（working smarter）才可。[1] 简单地说，就是在不必更努力或延长工作时间的情况下，设法增加产出。

经济学家一向视资本投资为提高生产力的关键，技术专家则强调应投入更多资金引进新设备。然而生产力革命成功的关键乃在于"做得更聪明"，因为在发达国家中，工业革命之后的前100年与后100年，资本投资与技术几乎没有什么差别。而物品生产与运输业的生产力得以大幅提升，却是在人们以更聪明的方法工作后引爆的。

想促成知识与服务工作者大幅提升生产力,道理亦同。唯一的差异是,在制造业,做得更聪明只是提高其生产力的因素之一,然而,对知识和服务工作者的生产力提升而言,这却是唯一的关键。尤其是,有关如何让知识与服务工作者做得更聪明的课题,远比以往复杂得多,需要经理人从各种角度仔细观察分析,其深入的程度绝非当年泰勒所想象的那样。

当年泰勒研究铲沙动作时,他唯一关心的问题是:"这个工作怎么做最好?"大约50年后,哈佛大学的埃尔顿·梅奥(Elton Mayo)以后来被称为"人际关系"(human relations)的思想,驳斥泰勒的"科学管理"观念,所关心的仍然是同一问题。具体来说,当梅奥在西方电子公司的霍桑工厂进行一连串的实验时,他问的问题是:"电话设备的配线工作怎么做最好?"处在物品生产与运输领域,人们朝这个方向思考是必然的,因为任务本身固定不变。

然而在知识与服务工作领域里,如果想提高生产力(或做得更聪明),经理人却必须先问"任务是什么""我们想达成什么目标"以及"我们为什么要做这件事"等问题。因此,从界定任务尤其是从删减不必要的工作开始着手改善生产力,是最简单也可能是最有效的途径。[2]

这里就有一个年代久远但仍然是最好的例子。1906~1908年,还在创业初期的西尔斯百货公司,因为剔除了相当耗时的点数钱币工作,从而改善了邮购业务的处理流程。由于当时顾客多半以硬币付款,清点起来非常麻烦,西尔斯百货公司遂改以自动磅称邮袋(内含顾客订单)的重量,而不再打开邮袋。另外,西尔斯百货公司更进一步删除了更费事的记录邮购订单件数工作,而根据顾客寄来邮袋的重量(假设1磅[⊖]重的邮

[⊖] 1磅=0.454千克。

袋相当于里面有40张订单）安排订单处理流程与出货作业。由于这些改善，西尔斯邮购业务的生产力在两年内提高了10倍。[3]

最近，自从某大保险公司剔除某个繁复手续（接获理赔案件时，理赔员必须一一核对保单内所有细项）之后（理赔金额特别高的案子除外），理赔部门的生产力几乎提高了5倍；理赔案件平均处理时间由过去的15分钟一下子缩短为3分钟。在此之前，理赔员必须仔细核对30个项目，如今只需核对以下4项：保单是否有效？投保金额是否与理赔金额一致？死亡证书上的姓名是否与被保险人相符？申请理赔者是否为保单上的受益人？促成该保险公司改变处理方式的原因很简单，因为它问了这个问题："任务是什么？"答案是："尽快处理身故案件的理赔过程，并且要把成本降至最低。"现在，该公司仅需增加一项额外的工作：抽查2%的理赔案件，亦即每50个个案抽出1个，用传统方式逐项核对，作为上述新流程的管制方法。

同样地，目前已有少数医院以类似方法处理急诊病患（患者入院时，若非已意识不清，就是伤口鲜血直流，根本无法填写任何表格），让所有病患不必在办理挂号时，填写冗长繁复的表格，从而节省了挂号部门大量的人力和费用。这些医院自问："任务是什么？"答案是："确认患者的姓名、性别、年龄、住址及缴费方式。"而这些数据都记载在几乎所有患者都持有的保险卡上面。

这两个例子介绍的都是服务性质的工作。至于知识性工作，界定任务并剔除不必要的工作不但更有必要，也将产生更大的成果。下面就是某个跨国企业重新界定其战略规划流程的例子。

多年来，该公司的战略规划部门一向由45位极优秀的企划人员负责拟定策略企划书。他们提出来的报告内容巨细靡遗、文笔流畅,不失为第一流的作品。然而报告内容与公司日常营运似乎毫不相干。后来,新任的最高主管问道:"任务是什么?"答案是:"为企业提供方向与目标以及达成这些目标的策略。"其后,则是4年的艰苦工作以及几次错误的尝试。现在,仍然是同样规模的企划部门,但仅就公司营运时最迫切想知道答案的事情向各事业单位询问3个问题:"要维持事业的领导地位,你们需要达到什么样的市场地位?""需要进行哪些足以支持这个领导地位的创新?""资金成本投资回报率的下限是多少?"然后,企划人员再邀集各事业单位的营运主管一同研商,根据不同经济状况拟出达成这些目标的策略方针。这样做出来的策略企划书虽然远比以前简略,也不像以前那样高雅,却成为指导各事业单位及资深主管实际经营的"飞行计划"。

工作贫瘠化破坏了生产力

在物品生产与运输领域,人们一次只做一件事。泰勒的工人铲沙,不负责照顾炉火。梅奥的配线女工负责焊接,不负责另一头电话成品的检验。艾奥瓦州的农人种植玉蜀黍时,也不必半途停下来参加会议。知识与服务工作者也一样需要专注。外科医生不会在手术进行中停下来接电话;与委托人讨论问题时,律师也不接电话。

然而在知识与服务工作者人数最多的组织里,却出现了人们无法专注于一件任务的现象,而且有越演越烈的趋势。少数高级主管有时还做得到(大多数高级主管连这个意念都没有),然而组织成员中占绝大多数的工程师、教师、业务人员、护士、中阶主管等,则越来越忙于处理许多毫无价值，甚至与他们受聘从事专门业务无关的工作。

情况最糟糕的可能是美国医院的护士。在美国，我们常听到医院在闹护士荒。这怎么可能呢？好些年来，护理学校的毕业生进入医院服务的人数不断增加，而同一时期，住院的病患人数已大幅减少。这个矛盾现象的症结即在于：现在的护士只花一半时间从事护理工作（护士当初接受长期职业训练，以及医院聘用她们的原始目的），另一半时间则被其他杂事占据了。做这些事情既不需护理专业技能与知识，与提供医疗服务、提高医院经济价值也没有关联，更与照顾病患或维护患者福祉无关。具体来说，护士每天忙着填写各类医疗保险和医疗补助表格、处理账单，还要应付可能发生的医疗纠纷。

高等学府的情况也没有两样。大专院校的老师在委员会开会的时间越来越多，用在教学、学生辅导或研究上的时间则相对减少。然而在大专院校，这些委员会向来一个也少不了，如果这些委员会只用3名而非7名委员，开会时间将更短，效率也可能更高。

业务人员也越来越不务正业。以百货公司的售货小姐为例，她们花在计算机上的时间越来越多，用在正事（也就是服务顾客）上的时间反而越来越少。或许这正是她们的生产力（创造业绩与利润）逐年下降的主要原因。同样地，公司的业务代表必须用1/3的时间填写报表，其实这个时间他们应该用于拜访客户。同样地，工程师不在计算机工作站前工作，却一个会议接着一个会议开个不停。

这不是工作丰富化，而是工作贫瘠化。这种做法破坏生产力，也伤害了工作动机与士气。以护士工作态度为题的调查结果一再显示，她们对自己不能把更多时间用在照顾患者身上无不感到万分厌恶。凭护士受过的专业训练与她们具备的技能，对现有的低薪资待遇感到愤愤不平是可以理解的，但是医院管理阶层认为，以目前护士所担任的文书性工作而言，实在不值得付那么高的薪水，同样也是可以理解的。

一般来说，这类问题相当容易解决。以医院护士为例，只要让她们能够专注于任务，也就是好好照顾患者即可，这就是"做得更聪明"的第一步。例如，已有少部分医院把文书作业从护士的工作里抽离出来，集中交给楼面文书人员。这些人需同时负责接听病患亲友的询问电话，处理他们送来的花篮。因此，护士花在照顾患者上的时间，以及患者所得到的照料均大幅改善。甚至于，这些医院反而可以减少 1/4～1/3 的护士。在医院人事费用未增加的情况下，护士的待遇却提高了。

要进行这类改善，对所有的知识与服务性工作而言，经理人都必须回答以下两个问题："花钱雇这个人的目的是什么？""这个工作应该创造什么样的附加价值？"这些问题的答案不一定唾手可得，也不见得完全没有争议性。例如，某家百货公司检讨了现有店员的工作之后，认为他们的目的与附加价值是"销售"，但同一地区服务相似客户的另一家百货公司，面对同样问题，答案却是"客户服务"。虽然答案不同，两家公司均据以重新调整店员的工作内容。不过，这两家百货公司每个店员的平均获利率，在短时间内都出现了大幅增长，从而为公司整体创造更高的生产力与利润。

服务性工作如何界定绩效

尽管泰勒的科学管理思想对人类影响甚为深远，所得到的却是恶意的攻击，尤其是来自学术界的批评，主要原因可能与20世纪初美国工会发动不屈不挠的运动大力抵制这个思想甚至抵制泰勒本人有关。工会之所以反对泰勒，并不是因为泰勒反工会或亲资方。事实上，他本人既不反工会，也不亲资方。泰勒所犯最不可原谅的罪行，乃是因为他宣称，在物品的生产与运输领域，没有所谓"技能"（skill）这件事。泰勒强调，所有工作的本质都是一样的，都可以通过一步一步的分析，使之成为一连串不具技术性的作业单元，然后可将之组合成任何"工作"。如果愿意学习这些作业，任何人都可以成为领"一流薪水"的"一流工人"。这种人不但能做最高级的工作，更可以做得很完美。

对于20世纪初期的以技术工人为基础的工会来说，泰勒的论调无疑是正面挑衅。而当时那些受到社会高度尊敬，在陆军兵工厂或海军造船厂所在制造业重镇拥有绝对影响力的工会，尤其不能接受。直到"一战"结束后，有好一段时期，这些兵工厂或造船厂几乎都还是美国军事用品的唯一产地。对这些工会而言，每一种技艺都有其奥秘，会员是不能泄露的。工会的权力便来自对学徒制的严格控制。学徒的养成长达5~7年，且通常只收会员的亲戚。当时，这些人的所得相当高，不但比当时大部分医生赚得多，而且是泰勒所谓的"一流工人"的3倍。难怪泰勒的主张会激怒这些劳工贵族。

有关必须保有技艺与技能的机密，与学徒必须经由长期养成等想法，在当时是根深蒂固的观念。就连希特勒决定对美国宣战，也是基于类似的假设。由于希特勒相信，培养1名光学技工（对当时的战争而言，光学技工是必需的人才）至少需要5年以上的时间，使得他误以为美国至少需要同样的时间，才能在欧洲建立强大的陆、空军，于是在日本偷袭珍珠港之后，决定对美国宣战。

现在我们知道泰勒是对的。1941年美国几乎没有任何光学方面的技术工人，而现代战争则的确需要大量的精密光学仪器。然而运用泰勒的科学管理方法，在短短几个月之内，美国的半技术工人就能够生产出甚至比德国还要精良的高级光学仪器，而且通过生产线作业大量生产。至此，泰勒口中的"一流工人"，也借由提高生产力而大幅改善待遇，远远超乎1911年的技工的想象。

最终，知识和服务性工作将可能和物品生产与运输工作一样（套句科学管理运动的老标语）也成为"单纯的工作"（just work）。（至少泰勒的嫡传弟子、积极推动人工智能的激进派人士，是这么说的。）不过就现阶段来说，我们还不能把知识和服务工作当成"单纯的工作"，也不应该把它们视为具有同构型的工作。相反地，我们应该根据特定工作实际上产生的生产性绩效，将它们分为3类。这个界定绩效的流程，正是"做得更聪明"的第三步。

对某些知识和服务性工作而言，质量代表绩效。以研究实验室里的科学家为例，研究成果的量远不及质来得重要。例如，1年能缔造5亿美元营收并能独霸市场10年的一种新药，就远比只能产生2000万～3000万美元年营收，充其量只是模仿大厂牌畅销药品的20个"你我都有"的品牌有价值得多。同一原则也适用于基本政策或战略性决策的制定，以及那些看起来没有那么壮观的工作，如医生的诊断、产品包装的设计、杂志的编辑等。对于这类极讲求质量的工作，目前我们还无从分析其作业过程。所以，要提高这些工作的生产力，我们只能问："怎样才算有效果？"

大多数的知识和服务性工作属于第二类，也就是质量并重的工作。例如，对百货公司售货员来说，让顾客满意与创造营收同等重要，不过绩效标准的界定并不容易。同理，建筑师事务所里绘图员的工作质量很重要，但他能够绘出建筑图的量也同样重要。其他如一般工程人员、中介公司的业务员、医事技术人员、银行分行经理、记者、护士、保险公司的理赔员等也一样。要提高这类工作的生产力，我们不但要问"怎样才算有效果"，也要一步步详细分析每一个作业及其步骤。

最后，许多服务性工作（如整理档案、发放身故理赔保险金、整理病床等）的绩效界定，与界定物品生产或运输工作的绩效相似，亦即数量通常可以代表绩效（如几分钟可整理好一个医院床位）。这类"生产性"工作的质量通常由外部设定标准认定，不是由绩效本身决定的。因此，如何建立这类质量标准，乃至于将这些标准融入作业过程中，就显得相当重要。如果能做到这一步，再通过传统的工业工程方法，也就是先分析任务，然后将一些简化过的作业单元组成一个完整的工作，就可以大幅提高生产力。

问问基层工作人员吧

前述界定任务、专注于任务及界定绩效三个步骤，从任何一个步骤着手改进，都将大幅提高生产力，其成就甚至可能是史无前例的。我们应该经常这么做，也许每隔3~5年就该做一次。尤其当工作性质或组织变动时，更应该彻底检讨现有的一切。根据过去我们所有的经历，如果我们这样做的话，所创造出来的生产力成绩，将等于甚至超越工业工程、科学管理或人际关系思想在制造领域缔造的空前成就。换句话说，我们将创造出我们所需要的知识与服务性工作生产力革命。

但是有一个先决条件：我们必须应用"二战"以来，从物品生产与运输所学到的经验。那就是：管理阶层必须与工作者，也就是管理阶层期盼提高生产力的那批人建立合伙关系。这也是"做得更聪明"的第四个步骤。我们的目标是，不分工作层级、难度或技能，一定要让所有知识与服务工作者建立起对提高生产力和绩效的责任感。

长久以来，泰勒经常被批评的一件事是，他从未询问过他所研究的工人，对于如何改善他们本身所从事的工作有何看法。他只告诉他们该怎么做。梅奥也一样，只告诉工人该怎么做。不过，泰勒与40年后的梅奥，所用的方法都是时代的产物。当时是专家盛行的时代。（弗洛伊德也从未问他的患者，对自己的问题有什么看法。）泰勒把管理人员和工人都当成"笨蛋"。梅奥虽然相当敬重管理人员，但认为工人是"不成熟的""不会自我调节的"及迫切需要心理辅导的一群人。

然而"二战"爆发后，我们却不得不请教工人。我们别无选择。美国的工厂没有工程师、没有心理专家，连工头也没有。他们都上战场去了！令我至今记忆犹新的是，我们豁然发现，工人既不是笨蛋，亦非不成熟，更非适应不良。他们对于自己从事的工作有一套深入看法，包括工作的逻辑、步调、质量和工具等。想要提高生产力和质量吗？问问工人对工作的看法吧！[4]

起初，接受这种不寻常观点的企业并不多（IBM是其中的先驱者，也是长久以来一直落实这个观念的极少数大型企业之一），直到20世纪50年代末期与60年代初期，虽然是被迫，一些日本实业家也开始采用这个观念。那是因为他们原本希望恢复战前的独裁式管理，后来却在爆发流血罢工和几乎引发内战的压力之下，被迫打消这个念头。时至今日，虽然离大量普及还有很长一段距离，但至少一般人早已接受这样的观点："汲取工人对工作的知识，是改善生产力、质量和绩效的起点。"

值得注意的是，在物品生产与运输领域，与工人建立合伙关系只是提高生产力的"最佳"途径之一。泰勒的故事便证实此言不虚，他实行的方法也很有效。可是在知识和服务性工作领域，与工作者建立合伙关系，却是提高生产力的"唯一"途径。

"做得更聪明"的最后一个步骤，包含了泰勒和梅奥所不知道的两件事。第一，生产力的提升必须伴随着持续学习。泰勒实施的那种重新设计工作，然后教导工人学习新工作的做法，无法为工作者提供持续学习的机会，训练只是学习的开始。的确，拜日本古老禅学传统之赐，日本人的经验告诉我们，训练最大的好处并非来自学到新东西，而是将我们原先做得不错的事情做得更好。

同样重要同时也是我们近年来才领悟到的一件事是："在教导别人的时候，知识工作者和服务工作者自己学得最多。"提升超级业务员生产力的最佳途径，是请他在公司的业务研讨会上报告他的"成功秘诀"。帮助外科医生提升医术的最好方法，是请他在社区医学协会发表一场演说。我们常听人说，信息时代的企业必须成为学习的机构，它也应该变成一个教学的机构。

结　　论

百年前，种种迹象显示，阶级冲突似乎已经不可避免。结果，制造业工人生产力的提高，无形中化解了这场可能的冲突，从而避免了可能引发的阶级战争。甚至连最初推动这一进程的人——泰勒，也未能找到合适的字眼来描述它。

今天我们知道，生产力是竞争优势的真正来源，但是我们也该了解，生产力同时也是社会安定的关键。因此，在服务业里创造与制造业相同成就的生产力革命，是发达国家经理人的第一要务。

经济现实告诉我们，任何一段够长的时间里，实质所得增加的幅度"不能"高过生产力增加的幅度。除非生产力快速提高，否则这一大群服务性工作者的社会及经济地位必然继续滑落。而他们现在的总数，已经相当于制造业最鼎盛时期的总就业人数。如果他们的生产力不能提高，不但可能出现经济停滞现象，更有可能造成工业革命最初几十年那种空前的社会紧张。

可以想得到的是，服务性工作者可以运用他们在人数上的优势，争取超过实质经济贡献的待遇。但这样做只会拖累所有人的实质所得，从而增加失业人口。然而所得稳定提高的富裕知识工作者，与非技术及半技术服务性工作者之间的薪资差距却将逐渐扩大。这个趋势将加深这两个群体之间的鸿沟，进一步导致两极化对立。不管出现哪一种情况，服务性工作者都将更为悲惨、逐渐产生疏离感，甚至认为自己属于较差的社会阶层。

幸运的是，我们现在的处境比一个世纪前好得多。因为我们知道一些那个时代的人不知道的事情：生产力可以提升，而我们也知道提升生产力的方法。我们同时知道，这些方法可以应用于目前社会最迫切需要提升生产力的领域，也就是非技术与半技术服务性工作者。具体来说，包括在工厂、学校、医院与办公室负责清洁维护的人员，餐厅、超市的柜台人员以及保险公司、银行与所有公司行号的文书行政人员。本质上，他们从事的都是生产性工作，而我们过去百年来所获得的提高生产力经验，只要略为调整，便可以应用到这些工作上。

此外，目前已经有一些跨国清洁公司发展出一套模式，用以提升员工的生产力。这些欧美企业有系统地运用本文叙述的步骤，以改善低技术服务性工作者的生产力。换句话说，这些企业都做了界定任务、专注于工作任务、界定绩效、在生产力改善方面与工作者建立合伙关系，并以工作者为优先提供工作改善建议的来源，也做到了把持续学习与持续教导，融入所有工作者与工作团队之中。结果这些企业的生产力都大幅提高，有些案例中生产力甚至提高一倍，因而让它们能够以加薪回报员工。同样重要的是，在这个过程中，员工的自尊心与荣誉感也有大幅提高。

这些专门承揽清洁工作的承包商能够获得如此优异成绩，绝非碰巧发生的。想要大幅提升那些属于生产性工作的生产力，唯有将它们外包给以此为唯一业务的业者。这类业者了解这种工作、尊重从事这一类工作的人，并为低技术工作者提供晋升的机会（如升为地区经理或区域经理）。而这类业者服务的对象，如必须设有病床的医院或必须开办学生餐厅的学校等，管理层既不够了解又不够尊重这类工作，乃至于从事这类工作的人，当然不会投入必要的时间与精力来提高这类工作的生产力。

我们的任务不仅显而易见，同时也具体可行。问题是，时间已经很紧迫了。想要提高服务性工作者的生产力，我们无法指望政府机构或政治力量提供任何帮助，这是企业和非营利组织中所有经理人与高级主管责无旁贷的任务。事实上，这也是知识型社会中，管理阶层的首要社会责任。

CHAPTER 12 | 第 12 章

管理与这个世界的课题[⊖]

在20世纪50年代初期,一般人都还不知道"管理"为何物,即使在企业界也是如此。当时最大的制造企业之一,是一座位于英国曼彻斯特的棉花纺织厂,工厂的员工还不到300人,而且并没有所谓的"管理者",只有少数几位督导,或者也是工人身份的工头。这些督导或工头手下都有一批"劳动阶级",而他们的任务就是让这些人服从命令。

人类历史上很少有哪个活动机制,像管理发展得这么迅速,而且在短期内产生如此巨大的影响。短短不到150年的时间,管理已经改变了全世界所有发达国家的社会与经济结构。它不仅创造了全球化的经济,也为想要或已经进入该经济结构的国家,建立了公平的游戏规则。

今天,管理的基本任务仍然没有变化:"通过赋予人们共同的目标、价值观、适当的组织结构、持续的训练与发展机会,使他们能够共同创造绩效,并有效地应对变化。"不同的是,因为管理本身所创造的惊人成

⊖ 发表于1988年9~10月。

就，导致原本以非技术工人为主的劳动力，转变为今天以一群受过高等教育的知识工作者为主的劳动力，从而使得管理任务的含义彻底地改变。

很少有管理者意识到管理带给世界的巨大影响。大多数管理者就像莫里哀的喜剧《贵人迷》中的主人翁茹尔丹（M. Jourdain）一样，不知道自己日常讲话所用的文体就是散文（出口成章）。他们也很少认识到，自己正在做或者错误地做管理。因此，他们对即将到来的挑战也就准备不足。管理者面对的真正问题，并非来自科技或政治领域，也非来自管理或组织之外。相反，这些问题来自管理本身的成功。

知识成为创造财富的主要来源

80年前，也就是"一战"刚爆发时，只有少数人意识到管理活动的存在。当时在发达国家中，大多数人（可能高达4/5）必须同时做3份工作才能谋生。家仆是当时相当普遍的职业，不仅是英国从业人数最多的一种职业（大约1/3），也是世界各国（包括美国在内）从业人数最多的职业之一。第二类是农民，他们通常拥有自己的农场。除了英国和比利时，每个国家的农民人口都占全国总就业人口的一半以上。第三类是那些在制造工厂工作的蓝领工人。蓝领阶级是成长最快的一种职业，到1925年几乎占到美国劳动人口总数的4成。

今天，家仆工作几乎已经绝迹。在发达国家，尽管农业生产量是80年前的四五倍，然而完全以务农为生的人数，仅占总劳动人口的3%～5%。制造业的蓝领工人也在快速地追随农民的变化轨迹。如今，美国的蓝领工人仅占总劳动人口的18%。到20世纪末，尽管美国及世界各国的制造业生产力将持续增长至少50%，然而蓝领工人占这些国家就业人口的比率，预计仍将持续降至10%左右。目前人数最多约占总就业人口1/3强的职业，是一种美国人口统计局称之为"管理与专业人员"的职业。而在全世界所有发达国家的成人就业人口中，从事此职业的人数已到达空前的高水平，例如美国就几乎高达2/3。

人类社会之所以发生上述史无前例的结构性改变，主要的媒介就是管理活动。因为有了管理，人类历史上首次可以让这么多的高知识与高技能人员投入到生产性工作中。事实上，人类历史上任何一个时期的社会，连让一小部分这类人员在一起合作都办不到。因为直到最近，我们才知道如何让具有不同知识与技能的人携手合作，致力于追求共同目标。18世纪的中国颇受同时代西方知识分子羡慕，因为当时中国能够提供给受过良好教育士大夫的就业机会比整个欧洲还要多，每年大约有2万个机会。如今，美国总人口数相当于当时的中国，每年培养100万名大学毕业生，其中绝大多数人很容易就能找到待遇不错的工作。是管理工作的成就，让我们做到了这一切。

知识，特别是高级知识，总是高度专业化的。知识本身不具任何生产力，然而一个现代的大型企业，却能同时雇用来自60多个不同知识领域的10 000名高级人才。这些来自各个专业领域的工程师、设计师、营销专家、经济专家、统计学家、心理学家、策划人员及人力资源专家等，同在一家公司工作。如果离开管理完善的企业组织，这些所谓的专家自己不可能产生效益。

关于过去百年来人们受教育的机会呈现爆炸性成长，与管理能够将这些知识用于生产，谁先谁后的问题毫无意义。很明显，没有发达社会建造的知识基础，现代管理与现代企业是不可能存在的。反过来也一样，唯有通过管理，才能让这些知识与知识工作者发挥作用。管理的兴起将知识从社会的装饰品和奢侈品，转变为所有经济中的真正资本。

另一方面，知识（而不是砖头和灰浆）已经成为资本投资的中心。日本创纪录地将国民生产总值的 8% 投资于工厂和设备，然而日本在教育方面的投资至少是前者的两倍。其中 2/3 用于年轻一代的教育，其余的则用于成年人（大部分在受雇的机构里完成）。而在国民生产总值更高的美国，这方面的投资比率甚至更高，约为 20%。处在由企业与管理构成的现代社会，知识已经成为创造社会财富的基本资源。

做得更聪明，而非做得更卖力

1870 年，今天我们所熟悉的大型企业开始出现的时候，没有几个企业领导人能够预测到会有今天的发展。原因不仅是因为他们缺乏预见力，也因为他们缺乏洞察力。当时，唯一可以见到的、大型的、永久性的组织就是军队。当时人们无不以军队的指挥－控制结构为模仿对象，陆续建立了洲际铁路公司、炼钢厂、现代银行及百货公司。

这种由极少数人在金字塔顶端发号施令、大批底层人员俯首帖耳的命令模式，在近百年的时间里一直被奉为圭臬。然而，它的长寿并不意味着静止不变。相反地，当各类专业知识涌入组织时，变化几乎立刻就发生了。1867 年时，德国一名受过大学教育的毕业生成为第一个受雇于制造业的工程师。在 5 年时间里，他创立了研究部门。其他专业人才也陆续跟进，到"一战"前，我们现在所熟悉的制造业的各个职能部门已经纷纷建立起来：研究与工程部、制造部、销售部、财务及会计部以及稍微晚些时候的人力资源部。

对企业甚至于对整体世界经济产生更重大影响的，是另一种管理活动。这就是把管理以训练的方式应用于体力劳动类工作。培训是适应战时需要的产物，却促成了过去30年世界经济的转型。因为训练，那些低工资国家完成了传统经济理论中不可能完成的任务：一夜之间变成了有效率而且仍然维持低工资的竞争者。

直到"一战"前，人们一直认为（亚当·斯密在几百年前所讲过的）对任何一种产品而言，不论是棉纺还是小提琴，一个国家和地区要想培养这方面的劳动力或组织化的技术专家都要花费很长的时间才能达到制造和销售同类产品的水平。但是，在"一战"期间，大量根本毫无技艺可言的前工业化时代的人员几乎立刻就转变成了有生产力的工作者。为了满足战时需要，英美两国开始应用由泰勒1885~1910年所发展的"科学管理"的原则，大规模地对蓝领工人进行系统化培训。他们对任务进行分析并将其分解为可以快速学会的、独立的、非技术性的操作。这种做法在"二战"期间得到进一步的发展，那时日本也开始采用培训的方法。20年后，又轮到韩国人，员工培训为韩国经济的惊人增长奠定了基础。

20世纪二三十年代，管理学被应用到制造业的多个领域当中。例如，在那段期间快速兴起的分权化组织，便能同时兼顾大机构和小组织的优势。会计功能从"簿记"发展成为分析与控制的工具。规划工作脱胎于1917年和1918年发明的甘特图，旨在为战时物资的生产提供服务。此外，还有分析逻辑和统计学，用数学量化的手段将经验和直觉转化为定义、信息和诊断。营销学也是将管理学概念应用于分销和销售后的产物。

此外，早在20世纪20年代中期和30年代早期，一些管理学的先驱（其中包括振翅欲飞的IBM公司里的老沃森、西尔斯百货的伍德将军、哈佛大学商学院的埃尔顿·梅奥等）开始探索制造业的组织问题。最后，他们得出结论，尽管流水线的生产力水平很高，但它只能是一种短期的过渡方法：缺乏弹性、人力资源浪费、机械化水平不高等导致经济效益低下。于是他们开始思考后来被称为"自动化"的组织制造业生产流程的方法，而在人力资源的管理方面则发展了Y理论、团队工作、品质圈和以信息为基础的组织等。

上述所有管理创新，均意味着人们不断地尝试将知识应用于工作领域，乃至于用系统与信息取代臆测、人力及苦工。套用泰勒的术语，每一种管理创新其目的都要以"做得更聪明"来取代"做得更卖力"。

来自管理本身的新课题

这些变化所带来的强有力的效果在"二战"中显露出来了。直到最后，德国人在战略方面始终占有优势。他们是内线作战，战线短得多，所需的支援部队人数少得多，在战斗力方面也不逊于其对手。然而，盟国取得了最后的胜利——它们的胜利是管理的成就。

美国的人口不过占参战国总数的1/5，但投入军队的人数同其他交战国的总数一样多。然而，美国仍然能够生产出比其他所有交战国加在一起还要多的战争物资，并且有能力将这些物资运往中国、苏联、印度、非洲和西欧等极为分散的各前线战区。因此毫不奇怪的是，到了战争快结束时，几乎每个国家都开始出现管理意识的觉醒。同时，管理开始成为一项可以识别的独立工作，可以通过研究和开发形成一门学科。这在战后年代中取得过经济领导地位的国家中无一例外。

当然，还应该提到，自"二战"以后，我们慢慢认识到，管理活动并不限于**企业**管理，它涵盖任何一种将拥有不同知识和技术背景的人员汇聚到同一个组织里的人类活动。它也同样可以在医院、大学、教堂、艺术组织和各种社会服务机构中找到自己的用武之地。在发达国家中，这些"第三部门"的机构在"二战"之后的成长速度比政府机构和企业都要快。他们的领导人的管理意识也在与日俱增。尽管表面上非营利机构的领导人因为要承担管理志愿人员和募集资金的责任而显得与他们在营利机构的同行在工作性质上有所不同，但他们之间相同的责任要多得多，包括定义正确的战略与目标、培养人员、确定考核方法和推销组织所提供的服务。

这并不是说我们的管理知识已经尽善尽美了。今天的管理教育仍然面临诸多批评，其中有许多是相当中肯的。40年前我们所掌握的知识——为我们的组织化管理教育系统所尊奉不渝，未必有助于经理解决他们今天所遇到的问题。尽管如此，这些知识却是自1950年以来世界经济惊人增长的基础，不论在发达国家还是发展中国家里都是如此。这些知识之所以会落伍，在很大程度上正是由于它们在推动企业组织中的体力劳动向知识性工作转化过程中所取得的成功。

仅举一例即可说明：现在我们迫切需要新的会计概念和方法。像罗伯特·卡普兰（Robert Kaplan）那样的专家早已指出，目前的会计系统所基于的许多假设已经不再有效。[1]例如，在会计准则中，我们的假定是以制造业为中心的。但事实上，在每一个发达国家里，服务和信息业的地位都要更重要一些。传统会计还假定，一家企业只生产一种产品，然而在现实中，每一家现代企业都生产多种不同的产品。最主要的是，成本会计——20世纪20年代中期最值得骄傲的发明，假定总成本的80%可以归入直接人力成本。而在现实中，先进的制造业里的人力成本只占总成本的8%～12%。用于人力成本比较高的行业，如汽车业和钢铁厂的会计处理方法今天已经是过于古老了。

人们正在努力，试图设计出能够反映类似变化（从而提供正确的管理信息）的会计系统，但它们仍处在初级阶段。在解决我们所面临的其他重要管理问题方面，情况也差不多：以信息为基础的组织的工作结构，提高知识工作者生产力的方法，管理现有企业同时开发新的不同类型的企业的技巧，建设和管理真正的全球性企业的方法等。

教育是最大的管理课题

管理活动的兴起始于发达国家。它对发展中国家的影响如何呢？也许回答这一问题的最好方法就是从最显而易见的事实开始：管理和大型企业，再加上新的通信工具，已经创造出了一个真正意义上的全球经济。在这一过程中，它们已经改变了发展中国家有效参与这一经济体系并取得经济成功的必由之路。

以往世界经济中的亮点从来都是基于技术创新所取得的领导地位。大英帝国凭借蒸汽机、车床、纺织机、铁路、炼铁、保险和国际银行业的发明而成为18世纪晚期和19世纪早期的经济霸主。德国的经济成就是以19世纪后半叶的创新为契机的：化学、电子、电力、光学仪器、炼钢和现代银行的发明。美国在同一时期的崛起得益于钢铁、电子、电话通信、电力、汽车、农艺学、办公设备、农业设备和航空器材的技术创新。

但是，20世纪崛起的一个强大的经济力量日本在任何一个技术领域中都不是先驱者。它的优势完全在于管理方面的领先地位。日本人对"二战"期间美国在管理方面所取得的成就和应该从中学习的经验比我们自己清楚得多——特别是关于应该将人力视为资源而不是成本的观念。于是，他们采用了西方新的"社会技术"——管理，并使之适应于自己的价值观和传统。它们应用（并且使自己适应了）组织理论，成为世界上分权化最彻底的实践者（在"二战"前，日本完全是集权制的）。当日本人已经开始推广这套做法时，美国人却还在坐而论道。

日本人比其他任何国家都更早地认识到，管理和技术相结合已经改变了经济版图。由17世纪末期一位不知名的法国物理学家邓尼斯·帕平（Dennis Papin）所设计的原型蒸汽机为肇始的组织和技术的机械模型，在1945年已经走到了尽头，以当时原子弹的爆炸和第一台计算机投入应用为其标志。这个被科技与组织领域沿用已久的机械式模型，已经渐渐变成一个有机体了。简而言之，它变成了一个经由信息流通而相互依存的知识密集结构。

这种变化的一个结果是，过去100年来作为企业载体的行业（汽车、钢铁、消费电器和家电）陷入了危机，甚至在人口统计似乎有利于这些产业的地方也是如此。例如，像墨西哥和巴西这样的国家拥有充足的青年人口，经过培训即可胜任半熟练的体力工作。似乎在这些国家中机械工业应该是具有比较优势的。然而，正如每一个工业化国家里的竞争者所看到的，除非实现了自动化——围绕信息流重新组织生产，否则机械产业就会过时。仅就这一点而论，教育也许是发展中国家所面临的最为严峻的"管理"挑战。

得出这一结论的另一条途径是考察发展中国家里必须认识到的第2项事实：发达国家不再像19世纪那样需要它们了。日本著名的管理学家大前研一曾经说过：日本、北美和西欧只依靠自己就可生存下来，无须其他2/3生活在发展中国家的人们。这一说法也许过于夸张。但在过去40年里，上述所谓"三位一体"的国家正在朝完全的自给自足演变，只有石油是例外。它们生产的食品超出了它们自己的消费——同19世纪形成鲜明的对照。它们生产了全世界大约3/4的制造业产品和服务。它们在相应市场上所占有的份额也大致相仿。

这是摆在每一个发展中国家面前的尖锐问题，甚至连印度这样的大国也不例外。它们不能指望沿着企业和管理演化的轨道发展成超级经济力量——重复19世纪和20世纪初期那种主要基于体力劳动的工业和生产程序。当然，从人口状况来讲，它们别无选择。它们甚至可以借此追赶上来。但是，它们会有希望走在前头吗？我对此持怀疑态度。

在过去200年里，跟着别人走的国家没有一个成为主要的经济力量。成功者总是在一开始就引入了当时先进的产业、先进的生产力和销售方式，并且无一例外地很快成为管理方面的领导者。今天，部分由于自动化信息和高级技术，更主要的则是在管理的各个领域中对受过训练的人员的迫切需求，几乎没有哪个发展中国家拥有或能够提供经济发展所需要的知识基础。如何快速地创造一个充分的管理知识基础是今天发展经济所面临的关键问题，也是一个迄今为止仍然没有答案的问题。

改变劳资对立的养老金社会主义

至此为止，我们所讨论的问题和挑战在很大程度上是企业与管理工作内部的。但是，发达国家的管理工作所面临的最重要的挑战是外部变化的结果，我在1976年出版的著作《看不见的革命》（The Unseen Revolution: How Pension Fund Socialism Came to America）一书中称之为"养老金社会主义"。当然，我在这里指的就是上市公司的股东转变为国内雇员阶层的信托机构的现象，这主要是通过养老基金的形式实现的。

从社会角度看，这是在20世纪里所取得的最积极的发展，它用融合两者的办法解决了困扰19世纪的"社会问题"——"资本"和"劳动"的冲突。但是，它也给管理工作和管理者造成了有史以来最严重的混乱。养老基金是近几年来数量呈爆炸性增加的敌意收购的最终原因。而在经理看来，没有比恶意收购更不道德和更令人心烦意乱的了。从这一点看来，恶意收购不过是由退休基金社会主义所引发，从根本质疑管理正当性的表征而已。换言之，经理向谁负责？负责什么？大型的公开上市企业的目的和依据是什么？

在1986年，美国雇员的养老基金总额已经占到美国公司股权资本总额的40%以上，超过1000家最大企业的股权资本总额的2/3。其中，大型机构的基金（企业、州、市、大学、校区和医院等公共服务和非营利机构）占了总额的3/4。个人基金（小企业和自我雇用人员）占了剩下的1/4。（还有共同基金，同样也是工薪人员的收入而不是"资本主义"的东西，持有全国股权资本剩下的5%～10%。）

这些数字意味着，养老基金已经成为美国资本的最主要的供应者。事实上，如果没有养老基金，几乎不可能建立一个新的企业和扩展既有的企业。在未来的几年里，基金的持股比例仍将上升，因为联邦政府的雇员现在也参加了养老基金，投资于企业股权。这样，到2000年，养老基金将持有至少2/3美国企业的股权，最小的企业除外。通过养老基金的形式，美国雇员将成为整个国家生产财富的真正拥有者。

同样的发展也出现在英国、日本、西德和瑞典，只不过在时间上要延后10年。在法国、意大利和荷兰，这样的变化正在发生。

没有人能够预见这一惊人的发展，但它是不可阻挡的——它是几个相互依存的变量共同作用的结果。

首先是收入分配的转移，发达国家GNP中大约有90%的份额进入了工资基金（在美国为85%，在荷兰和丹麦则超过了95%）。事实上，从经济上讲，发达国家中的"富人"已经无足轻重了。尽管他们可能仍然占据社会专栏，吸引着电视观众。由于通货膨胀和税赋的修正作用，即使是最富有的人在20世纪也变得贫穷了许多。为了跻身类似于1900年的"富豪"行列，今天的"超级富翁"净资产至少要达到500亿美元甚至1000亿美元，也许有几位阿拉伯富豪可能达到这个标准。但在发达国家里，这样的富豪却是绝无仅有的。

同时，工薪阶层的真实收入已经出现了戏剧性的增长。在20世纪初，付完了房屋分期付款和保险金之后，很少有人还有余款可用。但是自那以来，美国产业工人的真实收入和购买力已经提高了20倍以上，而与此同时，他们的工作时数却下降了50%。同样的变化也出现在其他各个工业化国家里。在日本，这一变化的速度更快一些，产业工人的真实收入达到80年前的30倍。

对收入增加的渴求是无止境的，因为我们正处在又一个具有高度创造性的历史阶段。在1856年到"一战"期间的60年里，平均14个月就会有一项技术或社会创新，并且几乎立刻带来一个新产业的出现。企业家精神的勃兴是一代财阀相继崛起的基础条件。我们需要像J. P 摩根，J. D. 洛克菲勒、安德鲁·卡内基、F. 克虏伯和三菱家族这些财阀，他们用自己的私人财产即足以为整个产业提供资金。今天，技术和社会的革新发展得同样迅速。其结果是公司和国家都需要大量的资金以维持产业运转的需要，更不用谈发展了——数目之大超出80年前财阀财力几个数量级。

事实上，美国前1000位收入最高者的税前总收入只能维持美国私人企业三四天的资本用度。在所有发达国家里，情况也都一样。例如，在日本，全国前2000名收入最高者的税前收入相当于国内私营企业两三天的投资额。

无论如何，这些经济上的变化已经迫使我们将工人变成"资本家"和生产性资源的所有者。养老基金（而不是共同基金或30年前人人都会很自然地想到的私人直接股权投资）成为经济发展的工具，是人口变化的结果，发达国家预期寿命已经从40岁延长到70多岁甚至80岁。老龄人口的数量过大，需要收入来维持生活的年限太长，以至于不可能仅仅依靠子女的供养过活。他们只能依靠自己在有收入年份里的积蓄——这些基金只能用作长期投资。

许多基本问题仍然有待克服

有识之士很早就认识到，让企业与员工拥有共同利益，是建立一个现代社会的必要条件。人们很早就认识到，现代社会需要将雇员和企业的利益统一起来。法国的圣西门和傅立叶、苏格兰的欧文、古典经济学家亚当·斯密和大卫·李嘉图都看到了这一点。因此，通过员工所有权的方法满足这一要求的设想，可以追溯到150年前。但他们无一例外地失败了。

首先，员工所有权未能满足员工基本的财务和经济需要。它将工人所有的财务资源都投入到受雇的企业中去。但是员工所需要的基本上都是长期保障，特别是将要持续许多年的退休收入。因此，如果想满足员工股东对稳健投资的要求，企业必须有本领做到长期繁荣，而四五十家企业中只有一家能做到。事实上，几乎没有哪家能够长期胜任。不仅如此，员工持股制最终还得**毁掉**企业。因为它总是导致不充分的资本形成，（实行工作者所有权制的结果，企业的经营最终将被严重"扭曲"）在研究和开发上缺乏投入，舍不得放弃过时的、缺乏生产力的和落伍的产品、生产工艺、工厂、工作岗位和工作规则。

蔡斯光学仪器厂是最古老的员工持股企业，它在消费光学仪器方面的优势地位之所以会输给美国和日本，正是出于上述原因。无论何时，蔡斯的工人股东总是选择追求即刻的满足——高工资、分红、福利，而把对研究、新产品和新市场的投资放在第二位。

但是，生产性财富的员工所有权可不仅仅是一个响亮的观念，它同样也是不可阻挡的潮流。正如一句老话所言：权力出自财富。詹姆斯·麦迪逊在他的《联邦主义者文集》(*Federalist Papers*)中的主张来自17世纪的英国哲学家詹姆斯·哈灵顿（James Harrington），后者则得自亚里士多德。我们还可在早期的儒家经典文献中找到它的踪影。既然在所有发达国家中，财富都已经转移给了工薪阶层，那么权力也应该随之转移。然而同以往的生产性财富的工人所有权不同，养老金社会主义保留了企业和管理的自主权和负责精神、市场自由、竞争和变革与创新的能力。

但是，养老基金至今还没有充分发挥出其功能。我们有足够的知识可以解决它引发的财务和经济问题。例如，我们知道，养老基金不得将超过一定数额的部分（也许是5%）投入它本身的企业或任何一家单一企业。我们还知道怎样使用基金进行投资。但是，我们还必须解决最基本的社会政治问题：如何协调雇员所有制与养老基金和企业管理三者之间的关系。

养老基金是它们所投资的企业的法定所有者。但它们不仅没有"所有者利益"，而且作为最后受益人（雇员）的受托人，他们在法律上只向"投资人"负责，因此是短期投资者，这就可以解释，为什么恰恰是工人所有权导致了敌意收购的频频发生。因为作为受托人，养老基金在遇到高价收购时必然会将所持股份脱手。

敌意收购是否对股东有利？这是一个将会引发激烈争论的问题。但它们在经济上有严重的副作用则是毫无疑问的。对敌意收购的戒备未必是美国企业管理阶层在任何问题上都表现出短期行为（市场地位、研究、产品开发、服务、质量、革新）的全部原因，但它无疑是一个主要原因。不仅如此，敌意收购是对管理阶层和管理者的正面冲击。管理者最不能忍受的是（特别是中层经理和负担创造企业业绩的专家）收购者毫不掩饰的轻视，管理者会认为这是对创造财富的辛勤工作的轻视，而他们自己的工作则沦为金融操纵的对象。

在收购者及其财务资助者看来，管理层应该只向股东负责，而不能由着自己的性子乱来，即使这意味着短期的投资收益和资产剥离。这正是法律所要求的。但是，今天所运行的法律，其立法背景乃是19世纪的企业环境。那时，大企业和管理工作尚未出现。尽管自由市场国家的法律条文大抵相近，但并不是每个国家都同样严格遵守。例如，在日本，大企业的经营习惯上就是为了照顾自己的雇员，除非它不幸破产。而日本的经济业绩甚至日本的股东也未见得因此就遭了殃。同样，在西德，大企业被视为"持续关怀的对象"，它的保全事关国家利益，高于股东收益的利益。

日本和西德不约而同地发展出一套偏离立法精神却十分有效的方法来处理企业管理中的责任问题：由大型商业银行履行投票控制权。在美国（和英国）不存在类似的体系，也不可能建立起来。即使是在日本和西德，银行的权力也在迅速地削弱。

因此，我们必须认真考虑管理者究竟应该对谁负责。在什么情况下，什么人有权解除这项权力。股东的利益，短期也好，长期也好，当然是其中的一项因素，但它也只是其中的一项而已。

对政治及经济史稍有涉猎的人都知道这个事实：时下人们强烈主张的"股东绝对统治权"（absolute shareholders overeignty）以现今购并风潮达到巅峰的情形，可以看到拥护者确实将这个主张的精髓发挥得淋漓尽致，其实是19世纪遗产（基本上是前工业革命的资本主义）的回光返照。

1988年的美国总统大选，有候选人以民粹主义（populism）及反商主义为竞选口号，造成这两种论调的声势高涨，和上述主张股东绝对统治权异曲同工的是：很多人都觉得社会公平被破坏了。

然而更重要的是，如果将"收购冲动"（acquisitive instinct）置于"技术冲动"（instinct of workmanship）之上，那么任何经济都将失去创造财富的能力，正如托斯丹·凡勃伦（Thorstein Veblen）在70年前所说的那样。现代企业，特别是大型企业，只有在长期运营的条件下才能完成其经济职能——包括为股东创造利润。投资，无论是投资于人员、产品、工厂、工艺、技术还是市场，在取得堪称"婴儿"的最初成果之前都需要多年的酝酿，更不必说要想取得最终的成熟果实了。整个社会对大企业的经济财富有太多的需求——就业、职业、社团，不可能仅仅考虑一个集团的利益，股东也不例外。

怎样协调股东——也就是养老基金同社会的经济需求是养老金社会主义必须解决的大问题。只有想办法让管理层负起责任，特别是对企业的经济和财务表现负责，才能解决这一问题，让它们在管理中能够树立长远的目标。如何回答这一挑战将决定自由市场经济中管理工作的形象和地位、结构，如果说还不是决定生存与否的问题的话。它还将决定美国在世界经济中的竞争力，这一经济的特点是越来越重视长期的竞争战略。

结　　论

最后，什么是管理？它是塞满了技术和诡计的大口袋吗？或者是商学院里教授的一大串分析工具？当然，这些都很重要，正如体温计和解剖学知识对于医生的重要性一样。但是，管理学的历史和进化过程（它的成功和它所引发的问题）教导我们，管理工作最终可以归结为数目极少的几条原则，其具体内容如下。

（1）管理是处理与人有关的事务。管理的任务，就是要让人们在协作中创造工作绩效，就是要尽量发挥人们的优势，同时相互弥补存在的不足。一个组织成立的宗旨即在于此，这也是管理何以成为关键性和决定性的因素。现代人，特别是受过教育的人，几乎都受雇于大大小小的管理机构，有营利组织，也有非营利组织。我们依赖管理工作为我们创造生计、发挥我们的能力并取得成就。事实上，我们能否为社会做出所有的贡献，既要看我们的技能、献身精神与努力程度，也要看我们所属组织的管理水平。

（2）管理意味着将企业中的员工整合为一个整体，因此它也深深扎根于社会文化当中。不论在西德、英国、美国、日本或巴西，管理者要做的事情都一样，然而他们采用的方法却有很大差别。因此，在发展中国家，管理者面对的基本管理课题之一，就是必须在想实行的管理方法中，找出、确认属于自己特有传统、历史与文化的部分，并以此为基础，建立一套适用自己文化的管理架构。例如，日本在经济方面的表现相当杰出，而印度则较为落后，主要原因在于，日本管理者成功地把国外管理观念移植到本国文化土壤中，并让这些观念发芽、成长。

（3）所有组织都需要制定简单、明确、一致的目标。组织使命必须足够清晰、足够宏大，从而让所有成员朝共同愿景努力。至于将该愿景转变成让组织成员更有方向感的目标，则必须非常清晰、公开，甚至需要再三向成员强调。近年来，我们经常听管理者讨论组织文化。组织文化的真正含义，就是一家企业全体员工对特定目标、共同价值观的承诺和全力支持。没有全体员工的承诺，任何公司都不能算是一个企业体，只是一群人。管理者的工作就是深思熟虑，设立和证明这些目标、价值和任务。

（4）管理者的工作还包括在出现需求与机会改变时，帮助企业和每一位成员与时俱进。这意味着每家企业都应该成为学习型组织与教学型组织。所有层级的员工都要有接受训练与发展的机会，训练与发展是永无止境的。

（5）每个组织都是由许多具备各种不同技能与知识的人所组成的，每个人从事的工作也不一样。因此，它必须建立在内部沟通和个人责任的基础上。每一位成员都要认真考虑他所要达成的目标，并且确保其他同事了解和理解这一目标。每一位成员同时还要认真思考他对其他人的责任，同样也要保证对方了解并且同意。每一位成员都必须知道自己需要其他人提供什么支持，同时也要确保其他人了解自己对他们的要求。

（6）不能仅凭产出数量与利润数字来衡量管理和企业经营绩效。市场地位、创新、生产力、员工发展、质量，一直到财务绩效，所有这些对公司的业绩乃至于生存都至关重要。正如我们必须用很多健康指标来评估一个人的身体状况，我们也应该用一系列指标来评估企业的整体表现。业绩评估必须纳入企业的经营和管理工作当中，必须对公司业绩进行衡量（至少是加以评判）而且还要不断地予以提高。

（7）最后，每家企业都必须牢记的最重要的事情是：对外部人来说，他们最记不得的一件事，就是这家企业的内部绩效。一家企业最大的成就，就是创造满意的顾客。一家医院的绩效，是被该医院治愈的患者。一所学校的绩效，是从该学校学有所得并且在 10 年后应用到工作中的学生。企业的内部只有成本中心。企业的绩效只能在企业外部取得。

就像人类在其他领域从事的工作一样，管理是一件谈不完的工作。经理人必须取得、应用适当的管理工具，必须学习所需要的任何管理技术、流程与步骤。如果经理人能真正了解前述 7 项原则并认真实行，他们就能在工作岗位上创造成就。这些管理者将在全世界各地建立成功企业，创造高生产力与绩效。他们所建立的标准、所设立的榜样，将成为后人模仿的对象，从而为人类创造更多的财富，乃至于更美丽的愿景。

CHAPTER 13 | 第 13 章

后资本主义时代的经理人：德鲁克专访⊖

与德鲁克共事 24 年之久的乔治·哈里斯（George Harris），到位于加州克莱蒙特研究生院的德鲁克管理中心，对德鲁克进行了为期两天的访谈，主题是德鲁克在著作《后资本主义社会》（*Post-Capitalist Society*）中提出的思想对当代经理人的实际意义。

哈里斯：彼得，你一向善于将抽象的理论还原为人们日常的工作和生活中可以领悟到的思想。我想请你谈一谈，在后资本主义社会来临的今天，经理人该怎么办？

德鲁克：在后资本主义社会中，经理人必须学会在没有指挥权和控制权的环境中进行管理。在这种环境中，你既不是控制者，也不是被控制者。这是一种根本性的变化。时下的管理教科书中仍然在谈如何管理下属。然而，我们已经不能再用有多少下属作为评估管理者的关键标准

⊖ 发表于 1993 年 5～6 月。

了。相比而言，我们更应该看重诸如工作的复杂性、工作中使用和产生的信息量以及完成工作需要涉及的各种关系。

同样地，各类商业新闻报道也仍然停留在组织对下属机构的管理上。然而，这都是20世纪五六十年代的控制模式。现实是，跨国企业正在迅速成为商业世界中的濒危物种。过去，企业的成长不外乎两种方式：自我壮大或收购其他企业。无论哪种方式，管理者都可以自如地控制和驾驭。如今，企业逐渐通过与其他公司建立联盟和合作的方式发展。尤其是特许经营、合资等方式，很少人真正了解其中的风险。这些新的成长模式让传统型管理者感到沮丧，因为他们已经习惯了由自己来执掌、控制市场和各种资源。

哈里斯： 传统的管理层级消除之后，管理者应如何管理？

德鲁克： 你相信将来会和那些为你工作却不受雇于你的人长期共事吗？事实上，任何工作都有可能逐渐外包出去，这是可以预期的趋势。从现在起10年内，公司会把那些不能通往高级经理职位的工作全部外包出去。想要提高生产力，你就必须把这些业务外包给其他公司。在那里，这些工作是通往高级经理职位的阶梯。可以肯定的是，这股业务外包的潮流无关乎节省成本，跟提高工作质量有关。

哈里斯： 你能举例说明吗？

德鲁克： 我们来看看医院的例子。在医院工作的人都知道清洁工作很重要，但医生与护士绝不会特别关心病房角落有没有打扫干净。在他们的价值系统中，清洁工作排不上号，医院需要的是专门做清洁维护的公司。南加州一家清洁公司雇用了一名清洁女工，这名从拉丁美洲移民来的女士目不识丁，但她非常聪明，她想出一种换床单的方法。不论患者有多重，她都能够帮他们换上新床单。用她的方法，患者只需挪动大约 6 英寸就能完成换床单及整理床褥的工作，时间则从过去的 12 分钟缩短为 2 分钟。如今她是该清洁公司清洁业务的主管，然而她并不是医院的员工。医院不能直接向她下达任何命令，只能说："我们不喜欢这样，我们研究一下有没有更好的方法。"

问题在于，管理者仍然在谈论哪些人向他"报告"，然而这个管理词汇即将走入历史。信息正逐渐取代权威。一家把信息技术（IT）工作外包出去的公司，财务主管可能只有两名助手和一名接待人员。但他所做出的外汇交易决策在一天内的盈亏可能超过公司一年的经营业绩。一位在大公司任职的科学家，可能连一位秘书也没有，甚至没有任何正式头衔，但是他却能够否决该公司实验室的重大研究项目。这位科学家顶着过去辉煌纪录的光环，意味着公司高层不能随意驳回他的意见，他在公司里的影响力甚至超过 CEO。在军队里，一名中校通常能指挥整个营的部队，如今他手下可能只有一名接待员，仅负责与某个国家的联络任务。

哈里斯： 在你所说的这种新环境下，大家都在尝试建立理想的组织结构。最常见的是管理层级很少的"扁平化组织"，以追求顾客满意为导向。处在这类新组织中，经理人应如何调整才能适应新的时代呢？

德鲁克： 最重要的是，所有人都必须学习对自己负责，尽量少依赖公司。当你在某家公司服务 5 年之后，你不能期待继续待 40 年然后退休。这一趋势始于美国，现在又扩散到了欧洲和日本。此外，你也不能期待未来 40 年内，能够在这家公司里总是从事你想做的工作。事实上，如果你现在仍在一家大公司服务,在未来10年里,你现在这份工作极有可能变得面目全非。

这是未来的新趋势。"一战"前,大公司一直是社会的稳定因素。到了20世纪20年代,更成为屹立不倒的组织。许多大公司经历了经济大萧条时期,仍然不动如山。其后的三四十年间,不断有大企业盖起了作为公司总部的摩天大楼,并在各地成立分支机构。如今,我们已经看不到大企业准备盖总部办公大楼了。事实上,《财富》500强企业雇用员工占全美国就业人口的比例,已从10年前的30%降为今天的13%。

过去人们建设组织时,总是认为它会像金字塔一样长存。如今,人们却是像搭帐篷一样建设组织,因为它们可能很快就消失,或将承受巨变。这种变化不仅仅发生在诸如西尔斯、通用汽车或IBM等行业内的领导企业当中。技术日新月异,市场乃至于整个行业格局都在快速变化。简单来说,一个人未来的职业生涯,已经不可能依托寿命越来越短暂的组织进行规划了。

可以举一个简单的例子来说明人们对未来的假设的变化。在我讲授的管理者培训课程中,大多数学生在45岁上下,或在大公司中担任中层主管,要不就自己经营一家中等规模的公司。在15年或20年前,当我刚刚开设课程时,他们最常问的问题是:"我该如何准备才能应对将来更高职位的挑战?"如今,学生最感兴趣的是:"我需要学什么新东西,才能帮助我做出更好的选择?"

哈里斯: 如果说,当年身着灰色法兰绒套装西服的年轻人,代表着一生都待在同一家公司的工作形态,那么今天工作者的形象该如何描述呢？

德鲁克： 自己对自己负责，并且不再依靠任何一家公司。管理自己的职业生涯也同等重要。组织内的职业阶梯已经不存在了，甚至连整个产业原来暗含的发展阶梯也已消失。未来的职业发展如同行走在丛林中，你必须带着开山刀逐步向上攀爬。你不知道下一步会做什么，你可能坐在自己的私人办公室里，也可能在一个大开间里工作，甚至可能在家创业。因此，你有责任更了解自己。这样可以帮助你找到合适的工作以利于自己的成长，同时能够兼顾自己的家庭价值观。

哈里斯： 这与经理人过去对自己未来的预期，简直是巨大的反差！

德鲁克： 的确。管理者工作性质的变化几乎表现在各个方面，只不过其发生时间有所不同而已。比如，我有很多日本籍的学员，他们对职业前途的困惑感要强烈得多，完全是手足无措。应该说，他们身处的环境结构仍然远较我们这里完整，但日本人几乎是在突然间由完全听命于人变成自己对自己负责的。最让他们恐惧的是，头衔的含义与过去完全不同了。以前，不论你在印度还是法国，只要宣布你的头衔是市场研究部的副主任，所有人都会知道你的职责和权限。现在情况却不同了，这里就有一家跨国公司的例子。前不久，一位刚刚结束管理培训课程的女士告诉我，5年后她将被提升为所在银行的助理副总裁。我不得不告诉她，她可能会获得这项任命，但这一头衔的含义会与她原来想的大不一样。

哈里斯： 你在暗示她仍有等级情结？

德鲁克： 是的，也可以称之为大公司情结。大多数人希望人事部门会像贝尔公司⊖的人事部门一样,如同父母一般对员工包办到底。30年前,在AT&T人事部门的鼎盛时期,它代表着强大的幕后力量。以形形色色的测试成绩为依据,通过员工发展计划的设计,他们几乎可以肯定一个27岁的年轻人在45岁时最多升到助理运营经理的位置。当然,他们不能肯定这个年轻人将来是在内布拉斯加还是佛罗里达担任这一职位。但是,除非他做出了什么惊天动地的业绩,否则从开始工作到退休,他的整个职业生涯都已经被公司设定了。

时代的变化不可抗拒。事实上,贝尔人在这一点上做得反而比其他大多数美国员工更好。因为拆分贝尔公司⊜的法庭判决就是一贴最好的清醒剂,他们必须面对现实。然而,大多数人还是沉迷在大公司情结的幻想之中。一旦丢掉了在西尔斯百货的工作,他们首先想到的还是去凯玛特(K-Mart)求职。他们完全没有意识到,小公司创造了绝大部分的工作岗位,并且提供的保障与大公司相同。

直至今天,大多数美国人仍然没有做好自主择业的准备。如果你问他们:"你知道自己擅长什么吗?你知道自己的不足吗?"他们不是用茫然的眼神看着你,就是告诉你他们曾经学过的专业,往往答非所问。在准备自己的简历时,他们仍然习惯罗列自己曾经担任过的职位,还是不免落入等级晋升的窠臼。现在应该舍弃过去逐级升迁的观念了,代之以一份工作接着一份工作。

哈里斯: 人们应该如何准备,以迎接这种新型的管理工作生涯呢?

德鲁克: 仅仅受过教育,甚至是管理专业教育,也已经远远不够了。

⊖ 贝尔是电话的发明人,贝尔本人创立的贝尔电话公司曾形成庞大的贝尔系统(Bell system)。贝尔系统以AT&T为母公司,下属众多子公司和研究所。——译者注

⊜ 根据美国"反托拉斯法案",AT&T被迫拆分为几家独立公司。——译者注

据说政府正在研究制定以所需专业知识为核心的各种职位的说明书。而我认为当务之急是跨越追求客观标准的阶段，直接诉诸主观标准——我称之为胜任力（competency）。你真的喜欢有压力吗？当形势变得紧张和复杂起来之后，你还会泰然自若吗？你最擅长用哪种方式吸收信息，阅读、交谈还是通过数字图表？我曾经问一位管理者："当你同下属在一起时，你知道该说些什么吗？"同理心（empathy）是一项很实用的胜任力。多年来我极力倡导"自我认知"类技能的学习提升，今天看来，这一类技能已经成为职场生存的必要条件了。

人们往往天真地认为，自由越多越好，年轻人尤其如此。然而真要想清楚"我是谁，我擅长什么"，从而为自己准确定位，很多人又会备受困扰。我们的教育体系非但未能教会人们自主安排生活，反而与这一迫切要求背道而驰。你在学校待得越久，自己做决定的锻炼机会越少。例如，一名学生决定要不要选修中级法语或艺术史，很可能取决于自己肯不肯早上爬起来去上课。研究生院的情况更糟糕。

为什么大多数人选择大公司作为自己职业生涯的开端呢？因为就在大多数毕业生还没有想好自己该干什么的时候，这些公司已经先声夺人地开始招聘了。但是，当他们完成入职培训、被分派到工作岗位时，他们必须开始做面向未来的决策。到了这个时候，没有人能够帮助他们。

当他们开始做决策后，其中的佼佼者在3～5年的时间里大部分跳槽到中型公司去，因为他们可以借此直接升入最高管理层。在不那么强调年资的公司里，他们直截了当地提出自己的要求，"我已经在会计部门做了3年，现在是我到营销部门接受锻炼的时候了"。每年我都会打许多电话给以前的学员，了解他们的近况。对于这些人来说，在接下来的一个阶段里往往又会回到大公司，这通常是因为已经成家，希望多一些保障。但是双薪家庭在大公司里会遇到困难。如果夫妻俩都在小一点的公司上班，其中一人就可以在同一座城市中找一份可以兼顾家庭的新工作。

哈里斯：很多心理测验已经发展得很成熟，能够帮助人们评估自己的胜任力。但是，如果说世界经济正由控制模式转向知识模式，那么为什么不能采用学历作为用人的标准呢？

德鲁克：如果只看一纸文凭而不是考虑其工作表现，你会遇到各种麻烦。知识社会的最大隐患就在于演变为官僚体制。眼下可以看到各处都有被文凭主义逐渐侵蚀的现象。为什么当一个人没有博士学位时，人们就认为非要帮他多说一些好话，才能让对方相信此人是一位非常优秀的研究人员呢？问题在于，人们认为文凭是白纸黑字，是硬指标，简便易行。而要衡量一个人的贡献，必须根据综合情况做出判断，难度就要大得多。

在以信息为基础的组织中，这类问题已经变得越来越严重。正如3年前迈克尔·哈默（Michael Hammer）在《哈佛商业评论》上撰文所说的，当一家企业围绕信息进行再造时，它将会发现，大部分层级的管理者是多余的，他们只发挥了转述信息的作用。现在，每一个层级都要负担起更多的信息处理责任。绝大多数大公司已经将其管理层次减少了50%，即使是偏爱等级制的日本也不例外。丰田公司的管理层级已经从21个下降到11个。美国通用汽车公司经过合理化改造后，将管理层级由28个减少到19个，并且还在快速减少中。组织将变得越来越扁平化。

这一做法在日本引起了恐慌。因为日本社会的结构是垂直型的，由各种代表社会地位的微妙等级所构成。每个人都希望自己成为课长（kacho）、主管或部门经理。面对这一问题，美国至今也没有找到合适的办法。我们不知道如何善用奖励和团队认同等手段将有竞争力的人吸引到管理岗位上来。按照我的看法，新一代企业家还是解决不了这个问题。企业家都是一些狂热分子，而经理都是综合性人才，他们的职责是整合企业资源，对市场机会和时机要有灵敏的嗅觉。今天，感觉远比分析重要。在新型的组织内你必须具备模式识别能力，绝不能用一厢情愿代替清醒的认识。你需要的是直言不讳、不断鞭策你的人，他们是无价之宝。

哈里斯： 怎样才能找到这样的人才呢？

德鲁克： 到小公司里去找，就像到青年队里去选棒球手的苗子一样。我有一位很能干的朋友，他总是喜欢在本行业中的小公司里占上一点儿股份。我告诉他那样是赚不到钱的，他却说："我是在买入青年队。我把那些最聪明的年轻人派到这些小公司去，他们可以获得自己当家做主的权利，在小公司里学习做大公司CEO所需要的技巧。"

你知道这批年轻主管到了新工作岗位后，必须学习的最重要功课是什么吗？这位朋友继续说："我们所雇用拥有生物学或化学博士学位的人员，数目比警卫还多。他们必须学习认清几件事：他们的顾客不是博士，公司里实际做事情的人也不是博士。"换句话说，他们必须学习与人直接沟通，而不是在黑板上演算公式。他们必须学会倾听别人的意见，而这些人并不晓得什么是回归分析理论。基本上，他们必须知道什么是不同的观点，并学习珍惜不同的观点。

哈里斯： 这可不是一种容易学到手的技巧，更不用说教别人了。

德鲁克： 你必须注意他们的绩效表现。每个人都要自己给自己定位。我们要逼他们，毫不通融地逼他们自己思考：在未来的一年半到两年时间里他们所能够做出的最大成绩。接下来，他们要向同事和上级解释他们的计划，以确保人们接受并且予以正确的理解。

看上去这似乎是最自然不过的要求，但许多人却从来没有问过自己这个问题。当我问他们自己对组织的最大贡献是什么，他们回答起来颇为踊跃，大都能够侃侃而谈。可是，如果我再问："你同别人说过这些看法吗？"答案往往是："不，我没说过，他们都知道，我再讲岂不是很愚蠢？"但问题在于"他们"实在是不知道。早在100年前，我们就已经告别了那种大家知道彼此在做什么的生产模式。农民知道别的农民在做什么，工人也知道别的工厂里在干些什么活。佣人了解别的佣人的工作，小商人也是一样。谁也无须向他人解释。现在情况则刚好相反，即使是在同一个机构里，也没有谁知道别人在做什么。你应当让每一位同事了解你的价值。如果你不这样做，他就会产生误解。

哈里斯： 这种缺乏沟通的情形会导致什么样的后果呢？

德鲁克： 如果沟通不好，你就无法集中精力做自己擅长的事。试举一例，在我班里的工程师几乎异口同声地抱怨，他们把一半的时间消耗在编辑和润色各类报告上，而这恰恰不是他们的强项。他们甚至不知道完成一部报告需要三易其稿。与此同时，有许多英语文学专业出身的人却在等着有人为他们安排这种工作，他们才是这方面的专家。多数人对自己的缺点讳莫如深。有一位工程师告诉我，他好不容易才弄懂了怎样打草稿，怎样确定中心思想，但在定稿润色方面还是不行。直到那时，他一直不好意思告诉别人，试图维持一种自欺欺人的状态。

哈里斯：你并不只是在单纯强调自我分析吧？

德鲁克：是的，仅仅学会自我分析还是远远不够的。你不仅要了解自己的胜任力，还要了解你的同事、老板和由你分配工作的下属的长处。眼下依然有太多的管理者以一视同仁的态度看待下属。他们一开口就是"我的工程师"，而我则会打断他说："老兄，你管理的不是一群工程师，而是一个个生动的人，是玛丽、吉姆和鲍勃，他们每个人都是不一样的。"一般性的劳动力概念于今已不适用，你所管理的是有鲜明独特性格的个人。你对人要有深入的了解，这样你才有把握同你的员工进行开诚布公的谈话："玛丽，如果你想升职的话，就要摆脱郁郁寡欢的心理状态。你应该首先把自己看成一个工程师，而不是女人。另外，还要注意体贴自己的手下。如果你在星期五上午9点就知道今天要加班，千万别等到5点差10分的时候才去通知你的手下。"

提高知识型员工生产率的关键，是要让他们专注于真正的任务。你知道为什么大多数提升经理的决定都是错误的？其中1/3会导致灾难性的后果，另外1/3则是勉强维持，只有不到1/3算是用人得当。这是因为他们提升的对象不适合新的职位。最常见的情形就是将优秀的销售人员提升为销售经理。这一职位有4种类型：管理销售人员的经理、市场经理、品牌经理或开发新市场的高级销售代表。可是没有人向他们明确指出新的任务是什么，结果他们只好继续努力做好以前的工作，因为他们很自然会觉得那才是提拔他的原因。这样一来，效果注定不会好。

哈里斯： 请深入解释一下有关岗位信息处理责任的概念，以及如何将其应用到后资本主义社会。

德鲁克： 经理往往认为计算机专家知道他们需要什么样的信息，也知道他们应该提供哪些信息给组织内的哪些人。然而计算机信息的特点是过于关注内部，而对于至关重要的客户和外部资源信息则无能为力。在今天的组织机构中，你必须担负起信息处理的责任，因为它是你的主要工具。然而问题在于，大多数人都不知道应该怎样使用信息。他们只会弹弹《玛丽有只小绵羊》这样的民谣，一遇到贝多芬的曲子就不行了。

我最近听到一个故事。有一位任职于一家非处方药品公司的品牌经理，他想索取一些由他负责推广的药品的科学资料。不料公司的图书管理员却向她的上级投诉，因为按规定只有公司里的科学家和律师才可以接触这些资料。于是这位倒霉的经理只好借助一位顾问，帮助他从公司外面的电脑数据库中调出有关该项产品的 20 篇报道文章，据此做出不致失信的广告文案。这位经理的观念和做法远远领先于他的同行：99% 的经理不懂得他们应该为消费者准备这些资料，他们甚至不知道该到哪里去找。解决这一困难的第一步是勇敢地说出："我需要这些资料。"

许多人都不知道这一步的重要性。我曾受聘担任某大型金融机构的顾问，同该公司一位信息经理共事。这家公司已经在信息化方面投资了 15 亿美元。他和他手下的 18 名职员同我在一起花了一上午的时间讨论他们的工作，这些人的专业素养都很不错，可是却没有一个人曾经认真地思考过，为了更好地服务客户他们需要提供什么样的信息。当我向他们指出这一点时，他们竟然回答说："这不是老板应该告诉我们的吗？"最后，我们不得不把正式研讨推迟 1 个月，好让他们回去认真考虑哪些是他们所需要的信息——还有更重要的，哪些是他们不需要的。

哈里斯：这是否意味着，在学习扛起信息责任的道路上，管理者第一步要做的是识别知识的差距？

德鲁克：完全正确。要想脱离信息文盲的行列，管理者首先要弄清自己需要什么信息。人们已经太关注技术本身，一味追求信息处理的速度，快了还要再快。对技术性能的执迷将导致今天的组织迷失方向，忽略对今天组织中所需信息的基本性质的把握。要顺利完成一件工作，正确的次序应该是先确认工作任务，然后取得所需信息，最后通过必要的人际关系来完成这项工作。

以当前正在流行的企业再造工程而论，其核心思想正是通过关注信息的流动而非物件的流动，来彻底改变组织。在此，计算机的作用只是一种工具。如果你去五金店里买一把榔头，你不会在意是用它来钉门还是修理沙发。套用一句出版界常用的说法，"了解打字机的工作原理并不能使你成为一名优秀的作家"。今天在世界各地，知识正取代资本成为组织发展的推动力量。然而，人们最容易犯的错误就是误以为数据就是知识，信息技术就是信息本身。

哈里斯：在管理知识型专业人才时，最糟糕的问题是什么？

德鲁克：近40年来，我们形成了一种极其有害的退化倾向，那就是故作神秘。仿佛只有把自己的工作神秘化，才能获得聪明干练的外在形象。在我年轻的时候，无论是经济学家、物理学家，还是心理学家，各个学科的领袖人物都希望别人理解自己的工作，这似乎是天经地义的。爱因斯坦先后找了3名不同的合作者，花了很多年的时间普及他的相对论，以便于门外汉也能理解相对论的基本概念。就连著名的经济学家凯恩斯也做了很多努力，以让世人领会他的思想。然而就在不久前，我却吃惊地听到一位资深学者非常认真地否决了他的年轻同事的工作，就因为能够理解这个年轻人所做工作的人数超过了5位。我一点儿都没有夸张。

我们不能容许这种自大的态度继续侵蚀人类。知识就是力量，这就是人们过去总是想方设法保守知识的秘密，不愿与其他人分享的主要原因。在后资本主义时代，力量来自通过分享、传递信息提高生产力，而不是死抱着自己的知识秘而不宣。

知识的傲慢是绝对不能容忍的。我说"不能容忍"是很认真的。不论在哪一个层次上，知识型人才都应当让别人了解自己的工作。而作为管理者，不论他从前是做什么的，都应该渴望理解其他人的工作。这可能是技术型员工的管理者最重要的工作。管理者的职责不仅仅是向员工说明他们的工作安排，同时也要注意在专业化和学科交流方面保持一种平衡。

学科交流是一种有用的技术。试举一个比较特殊的例子——天气预报。这项工作要求气象学家、数学家和其他专家同卫星数据处理专家一起工作。在欧洲，他们完全依靠信息经理将这些不同的学科联系起来。而在美国，他们在研究的早期阶段就将不同学科的专家汇集在一起。假设你将一位气象学博士安排到一个已经对有关飓风的一项新数学模型进行了3年研究的工作小组中去，他当然不是数学家，但他可以了解数学家是怎样做假设的，他们忽略了哪些因素，他们的局限在哪里。据说通过学科交叉增进各学科工作间理解的工作方法，已经使得美国在这一领域内的准确度超出欧洲国家3倍。而学科交叉的方法对于管理任何类型的专家团队都是适用的。

哈里斯： 团队所拥有的那种既是解释者又是学科交流推动者的双重角色，是不是这个名词在当前如此热门的原因呢？

德鲁克： 有关团队概念的讨论中，充斥着许多谬论，仿佛团队是一种全新的东西。其实我们一直以团队的方式做事情。尽管在体育比赛中可以找出几百种团队类型，但究其根本都可以归结为少数几种形式。问题的关键在于，如何为自己的组织选择一种最合适的形式。你不可能将足球与网球的运动团队形式相互置换。可以预见，在几年以后，一种最传统的团队形式将会再度流行起来，那就是研究在先、开发在后，最后交给车间制作。这有点儿像棒球队，你也许知道，我对棒球队的管理曾经下过一点儿功夫。

棒球队的最大优点是，每一名成员都有自己的专门任务。就拿你来说吧，如果你是打击者，你就专心把打击这件事做好，几乎不需要队内的互动。这同足球队和爵士乐队大不一样，后者无疑是当今大多数团队的模式。足球队尽管要求协调一致、同步移动，但至少每个人还有相对固定的位置。而爵士乐队则表现出令人难以置信的灵活性，他们几乎凭感觉就可以知道小号手将在何时开始独奏。爵士乐队的团队模式要求极高的默契，若非经过长期训练是不可能培养出来的。但是这种模式终将不再流行，尤其是在日本的汽车制造业中，因为现在再也不必像从前那样不断推出新款式了。

我知道有几家德国公司采用了棒球队的模式，尽管它们自己可能还没有意识到。这种模式的优点很明显：非常适合利用和发展既有的知识。

在这方面，德国的中型企业做得也许比大型企业还要好，因为它们更专注于特定的领域。值得注意的是，在涉及新知识时，包括从电子技术直至生物技术等领域，德国科学家也许可以做出出色的工作成绩，但他们那种闻名于世的学徒制培训体系，却成为阻碍创新的因素。

哈里斯： 那么，抛开夸张的成分不谈，是不是可以这样说，团队的模式有助于管理者在后资本主义社会中把握方向？

德鲁克： 对团队概念进行认真思考有助于我们深入理解更为广泛的问题，那就是如何管理知识。在发展基础性知识方面，我们了解的一些英国团体处于遥遥领先的位置。但它们从来不肯由此出发，更好地应用这方面的专门知识。这可能是因为许多英国公司低估了技术导向型员工的价值。据我所知，在英国，最高管理人员从来都不会从工程师中产生，日本人却刚好相反。直至今天，他们仍然不专精于基础科学方面的研究，但他们善于吸收知识并且迅速将其转化为生产力。在美国，却是另一种情况。我们在现存产业方面未能取得革命性的进展。以汽车业为例，我们的工作方式几乎同1939年时毫无区别。但是，在计算机和生物工程方面，在那些需要突破性技术革命的行业中，美国人却取得了异乎寻常的成功。

哈里斯： 从上述现象中，管理者可以得到哪些启示？

德鲁克： 他们应当意识到，知识的生产同时具有两个维度：质量和数量。尽管对此我们仍知之甚少，但一个好的经理人必须善于管理专业人才，同时能够将不同领域的知识综合起来——注意，知识在这里是复数形式的。这一情形对传统型的经理和专业人才都构成了威胁。前者会担心自己要跟那些妄自尊大、态度高傲的专业人才相处；后者担心自己必须降低格调，变得过于商业化，无法在专业内获得应有的尊重。在后资本主义社会中，这两类人将不得不在同一个团队中工作。

哈里斯： 听起来很民主。后资本主义社会更多地以知识而非资本为基础，这是否意味着社会将变得更加平等？

德鲁克： 不，这些说法都是不正确的。"民主"一词所涉及的是一种狭隘的政治和法律组织。我也不喜欢"参与"这种时髦的词句，"授权"的概念则更糟糕。将权力从最高管理者手中交到最基层的工作人员那里，这并不是什么了不起的一步，因为这依然基于权力是自上而下的陈旧思想。要想使组织在现代社会中取得成功，你必须用责任来取代权力。

既然谈到用词，我想说的是，我已经不太喜欢"管理者"这个词了，因为它暗示着从属关系。我发现自己开始越来越多地使用"执行者"一词，因为它意味着在特定领域负有责任，而不一定是发号施令、凌驾于其他人之上的。"老板"一词是在"二战"中流行开来的。这个词今天还是有用的，它暗示了一种导师的身份，某个在你做决定时支持你的力量。在今后的新型组织中，应该设法超越资深职员和初级职员这样两极化的模式。经理人更应当扮演赞助者（sponsor）和导师的双重角色。对于过去100年里的传统型组织来说，权力和等级构成了骨架和内部结构，而在未来的主流组织中，则必须是相互理解和责任。

注　释

引言

1. 若想了解德鲁克是如何在 GM（通用汽车）开始学习、理解管理的旅程，只需阅读他的自传《旁观者：管理大师德鲁克回忆录》㊀。在这本回忆录中，德鲁克记录了塑造自己世界观的人，包括"一战"前在维也纳的小学四年级老师，也有一些名流，如西格蒙德·弗洛伊德。德鲁克强烈的好奇心、分析细节的能力、拒绝权威和勇于尝试的精神，让他关于管理的论著保持了与众不同的高品质，也让他的书籍和文章值得一读再读。
2. 从 1959 年开始，由独立的 CEO 和管理思想家组成的评审团会从《哈佛商业评论》发表的文章中选出最有影响力的几篇，并向作者颁发麦肯锡奖。
3. 有兴趣的读者可以从这个引言中找到德鲁克在《哈佛商业评论》上发表的所有文章。

第 4 章

1. Theodore Levitt, "Creativity Is Not Enough," *Harvard Business Review* 41, no. 3 (1963): 72.

第 6 章

1. J. Roger Morrison and Richard F. Neuschel, "The Second Squeeze on Profits," *Harvard Business Review* 40, no. 4 (1962): 49; see also Louis E. Newman and Sidney Brunell, "Different Dollars," *Harvard Business Review* 40, no. 4 (1962): 74.
2. Morrison and Neuschel, "Second Squeeze on Profits"; and John Dearden, "Profit-Planning Accounting for Small Firms," *Harvard Business Review* 41, no. 2 (1963): 66.

㊀ 此书中文版已由机械工业出版社出版。

第 7 章

1. James P. Womack and Daniel T. Jones, "From Lean Production to the Lean Enterprise," *Harvard Business Review* 72, no. 2 (1994): 93-103.
2. 在 1964 年出版的《为成果而管理》(*Managing for Results*) 中，我探讨了 EVA 的话题。但是英国的大经济学家马歇尔早在 19 世纪 90 年代末期就论述过这个问题。
3. C. K. Prahalad and Gary Hamel, "The Core Competence of the Corporation," *Harvard Business Review* 68, no. 3 (1990): 79-91.

第 8 章

1. Philip Woodruff, *The Men Who Ruled India*, especially the first volume, *The Founders of Modern India* (New York: St. Martin's, 1954). How the system worked day by day is charmingly told in *Sowing* (New York: Harcourt Brace Jovanovich, 1962), volume one of the autobiography of Leonard Woolf (Virginia Woolf's husband).
2. 阿尔弗雷德·钱德勒娴熟地记录了这一过程，并撰写了两本著作：*Strategy and Structure* 和《看得见的手》(*The Visible Hand*)。这两本书也是关于大型机构的管理演变历史的最佳研究作品。关于演变过程和结果，我撰写了两本著作：《公司的概念》《管理的实践》㊀。

第 10 章

1. Myles Mace, "The President and the Board of Directors," *Harvard Business Review* 50, no. 2 (1972): 37.

第 11 章

1. 关于在医院健康行业提升知识工作者生产力的尝试，详见 Roxanne Spitzer's *Nursing Productivity: The Hospital's Key to Survival and Profit* (Chicago: S-N Publications, 1986) and Regina Herzlinger's *Creating New Health Care Ventures* (Gaithersburg, Md.: Aspen Publishers, 1991).
2. Michael Hammer, "Reengineering Work: Don't Automate, Obliterate," *Harvard Business Review* 68, no. 4 (1990): 104-112; and Peter F. Drucker, "Permanent Cost Cutting," *Wall Street Journal*, 11 January 1991.
3. Boris Emmet and John E. Jeucks, *Catalogues and Counters: A History of Sears, Roebuck & Company* (Chicago: University of Chicago Press, 1965).
4. 我在 1942 年出版的《工业人的未来》㊀以及 1950 年出版的《新社会》㊁

㊀㊁㊂ 本书中文版已由机械工业出版社出版。

中，就明确提出"负责任的工人"就是管理者。戴明和朱兰基于"二战"期间的经验，发展出今天被我们称为"质量环"和"全面质量管理"的概念。最终，这个理念由麦格雷戈在1960年出版的 *The Human Side of Enterprise* 中全面阐述，他提出了 X 理论和 Y 理论。

第 12 章

1. Robert Kaplan, "Yesterday's Accounting Undermines Production," *Harvard Business Review* 62, no. 4 (1984): 95–101.

沙因谦逊领导力丛书

清华大学经济管理学院领导力研究中心主任
杨斌 教授 诚意推荐

合作的伙伴、熟络的客户、亲密的伴侣、饱含爱意的亲子
为什么在一次次的互动中，走向抵触、憎恨甚至逃离？

推荐给老师、顾问、教练、领导、父亲、母亲等
想要给予指导，有长远影响力的人

沙因60年工作心得——谦逊的魅力

埃德加·沙因（Edgar H. Schein）

世界百位影响力管理大师之一，企业文化与组织心理学领域开创者和奠基人
美国麻省理工斯隆管理学院终身荣誉教授
芝加哥大学教育学学士，斯坦福大学心理学硕士，哈佛大学社会心理学博士

1 《恰到好处的帮助》

讲述了提供有效指导所需的条件和心理因素，指导的原则和技巧。老师、顾问、教练、领导、父亲、母亲等想要给予指导，有长远影响力的人，"帮助"之道的必修课。

2 《谦逊的问讯》（原书第2版）

谦逊不是故作姿态的低调，也不是策略性的示弱，重新审视自己在工作和家庭关系中的日常说话方式，学会以询问开启良好关系。

3 《谦逊的咨询》

咨询师必读，沙因从业50年的咨询经历，如何从实习生成长为咨询大师，运用谦逊的魅力，帮助管理者和组织获得成长。

4 《谦逊领导力》（原书第2版）

从人际关系的角度看待领导力，把关系划分为四个层级，你可以诊断自己和对方的关系应该处于哪个层级，并采取合理的沟通策略，在组织中建立共享、开放、信任的关系，有效提高领导力。

彼得·德鲁克全集

序号	书名	要点提示
1	工业人的未来 The Future of Industrial Man	工业社会三部曲之一，帮助读者理解工业社会的基本单元——企业及其管理的全貌
2	公司的概念 Concept of the Corporation	工业社会三部曲之一，揭示组织如何运行，它所面临的挑战、问题和遵循的基本原理
3	新社会 The New Society: The Anatomy of Industrial Order	工业社会三部曲之一，堪称一部预言，书中揭示的趋势在短短十几年都变成了现实，体现了德鲁克在管理、社会、政治、历史和心理方面的高度智慧
4	管理的实践 The Practice of Management	德鲁克因为这本书开创了管理"学科"，奠定了现代管理学之父的地位
5	已经发生的未来 Landmarks of Tomorrow: A Report on the New "Post-Modern" World	论述了"后现代"新世界的思想转变，阐述了世界面临的四个现实性挑战，关注人类存在的精神实质
6	为成果而管理 Managing for Results	探讨企业为创造经济绩效和经济成果，必须完成的经济任务
7	卓有成效的管理者 The Effective Executive	彼得·德鲁克最为畅销的一本书，谈个人管理，包含了目标管理与时间管理等决定个人是否能卓有成效的关键问题
8 ☆	不连续的时代 The Age of Discontinuity	应对社会巨变的行动纲领，德鲁克洞察未来的巅峰之作
9 ☆	面向未来的管理者 Preparing Tomorrow's Business Leaders Today	德鲁克编辑的文集，探讨商业系统和商学院五十年的结构变化，以及成为未来的商业领袖需要做哪些准备
10 ☆	技术与管理 Technology, Management and Society	从技术及其历史说起，探讨从事工作之人的问题，旨在启发人们如何努力使自己变得卓有成效
11 ☆	人与商业 Men, Ideas, and Politics	侧重商业与社会，把握根本性的商业变革、思想与行为之间的关系，在结构复杂的组织中发挥领导力
12	管理：使命、责任、实践（实践篇） Management:Tasks,Responsibilities,Practices	为管理者提供一套指引管理者实践的条理化"认知体系"
13	管理：使命、责任、实践（使命篇） Management:Tasks,Responsibilities,Practices	
14	管理：使命、责任、实践（责任篇） Management:Tasks,Responsibilities,Practices	
15	养老金革命 The Pension Fund Revolution	探讨人口老龄化社会下，养老金革命给美国经济带来的影响
16	人与绩效：德鲁克论管理精华 People and Performance: The Best of Peter Drucker on Management	广义文化背景中，管理复杂而又不断变化的维度与任务，提出了诸多开创性意见
17 ☆	认识管理 An Introductory View of Management	德鲁克写给步入管理殿堂者的通识入门书
18	德鲁克经典管理案例解析（纪念版） Management Cases(Revised Edition)	提出管理中10个经典场景，将管理原理应用于实践

彼得·德鲁克全集

序号	书名	要点提示
19	旁观者：管理大师德鲁克回忆录 Adventures of a Bystander	德鲁克回忆录
20	动荡时代的管理 Managing in Turbulent Times	在动荡的商业环境中，高管理层、中级管理层和一线主管应该做什么
21 ☆	迈向经济新纪元 Toward the Next Economics and Other Essays	社会动态变化及其对企业等组织机构的影响
22 ☆	时代变局中的管理者 The Changing World of the Executive	管理者的角色内涵的变化、他们的任务和使命、面临的问题和机遇以及他们的发展趋势
23	最后的完美世界 The Last of All Possible Worlds	德鲁克生平仅著两部小说之一
24	行善的诱惑 The Temptation to Do Good	德鲁克生平仅著两部小说之一
25	创新与企业家精神 Innovation and Entrepreneurship:Practice and Principles	探讨创新的原则，使创新成为提升绩效的利器
26	管理前沿 The Frontiers of Management	德鲁克对未来企业成功经营策略和方法的预测
27	管理新现实 The New Realities	理解世界政治、政府、经济、信息技术和商业的必读之作
28	非营利组织的管理 Managing the Non-Profit Organization	探讨非营利组织如何实现社会价值
29	管理未来 Managing for the Future:The 1990s and Beyond	解决经理人身边的经济、人、管理、组织等企业内外的具体问题
30 ☆	生态愿景 The Ecological Vision	对个人与社会关系的探讨，对经济、技术、艺术的审视等
31 ☆	知识社会 Post-Capitalist Society	探索与分析了我们如何从一个基于资本、土地和劳动力的社会，转向一个以知识作为主要资源、以组织作为核心结构的社会
32	巨变时代的管理 Managing in a Time of Great Change	德鲁克探讨变革时代的管理与管理者、组织面临的变革与挑战、世界区域经济的力量和趋势分析、政府及社会管理的洞见
33	德鲁克看中国与日本：德鲁克对话"日本商业圣手"中内功 Drucker on Asia	明确指出了自由市场和自由企业，中日两国等所面临的挑战，个人、企业的应对方法
34	德鲁克论管理 Peter Drucker on the Profession of Management	德鲁克发表于《哈佛商业评论》的文章精心编纂，聚焦管理问题的"答案之书"
35	21世纪的管理挑战 Management Challenges for the 21st Century	德鲁克从6大方面深刻分析管理者和知识工作者个人正面临的挑战
36	德鲁克管理思想精要 The Essential Drucker	从德鲁克60年管理工作经历和作品中精心挑选、编写而成，德鲁克管理思想的精髓
37	下一个社会的管理 Managing in the Next Society	探讨管理者如何利用这些人口因素与信息革命的巨变，知识工作者的崛起等变化，将之转变成企业的机会
38	功能社会：德鲁克自选集 A Functioning society	汇集了德鲁克在社区、社会和政治结构领域的观点
39 ☆	德鲁克演讲实录 The Drucker Lectures	德鲁克60年经典演讲集锦，感悟大师思想的发展历程
40	管理(原书修订版) Management(Revised Edition)	融入了德鲁克于1974~2005年间有关管理的著述
41	卓有成效管理者的实践（纪念版） The Effective Executive in Action	一本教你做正确的事，继而实现卓有成效的日志笔记本式作品

注：序号有标记的书是新增引进翻译出版的作品